DAVID HUME

Eine Untersuchung über den menschlichen Verstand

ÜBERSETZT UND HERAUSGEGEBEN VON
HERBERT HERRING

PHILIPP RECLAM JUN. STUTTGART

Englischer Originaltitel:
An Enquiry Concerning Human Understanding

Universal-Bibliothek Nr. 5489[3]

Durchgesehene und verbesserte Ausgabe 1982
Satz: Walter Rost, Stuttgart
Druck und Bindung: Reclam, Ditzingen
Printed in Germany 1982
ISBN 3-15-005489-3

VORWORT

David Humes Bedeutung für die abendländische Philosophie ist seit langem unbestritten. In der kritischen Auseinandersetzung mit den rationalistischen und spekulativen Systementwürfen des 17. Jahrhunderts – vornehmlich mit Descartes, den Occasionalisten und Leibniz –, im Rückgriff auf Berkeleys Kritik des traditionellen Substanzbegriffes und seiner Lehre von den Allgemeinbegriffen sowie anknüpfend an Lockes kühne Untersuchungen über Struktur, Vermögen und Grenzen des menschlichen Verstandes, entwickelt Hume etwa zwischen 1730 und 1750 ein sich auf den theoretischen wie praktischen Bereich erstreckendes System der Erkenntniskritik, das nicht nur den „dogmatischen Schlummer“ Kants unterbrach und wesentlich zur Ausbildung seines kritischen Idealismus beitrug, sondern auch befruchtend auf Husserls phänomenologische Forschung sowie auf den logischen Positivismus und seine – vor allem englischen und amerikanischen – Entfaltungen zur Philosophie der logischen und linguistischen Analyse wirkte.

Rufen wir uns die Sätze aus der Einleitung zu den *Prolegomena* ins Gedächtnis, in denen Kant nicht nur die Grundgedanken von Humes *Enquiry Concerning Human Understanding* treffend skizziert, sondern seine eigene Transzendentalphilosophie als Fortführung und Vollendung der von Hume aufgezeigten erkenntniskritischen Problematik versteht:

„Seit Lockes und Leibnizens Versuchen, oder vielmehr seit dem Entstehen der Metaphysik, so weit die Geschichte derselben reicht, hat sich keine Begebenheit zugetragen, die in Ansehung des Schicksals dieser Wissenschaft hätte entscheidender werden können, als der Angriff, den David Hume auf dieselbe machte. Er brachte kein Licht in diese Art von Erkenntnis, aber er schlug doch einen Funken, bei welchem man wohl ein Licht hätte anzünden können, wenn er einen empfänglichen Zunder getroffen hätte, dessen Glimmen sorgfältig wäre unterhalten und vergrößert worden.

Hume ging hauptsächlich von einem einzigen, aber wichtigen Begriffe der Metaphysik, nämlich dem der Verknüpfung der Ursache und Wirkung... aus, und forderte die Vernunft, die da vorgibt, ihn in ihrem Schoße erzeugt zu haben, auf, ihm Rede und Antwort zu geben, mit welchem Rechte sie sich denkt: daß etwas so beschaffen sein könne, daß, wenn es gesetzt ist, dadurch auch etwas anderes notwendig gesetzt werden müsse; denn das sagt der Begriff der Ursache. Er bewies unwidersprechlich: daß es der Vernunft gänzlich unmöglich sei, a priori, und aus Begriffen eine solche Verbindung zu denken, denn diese enthält Notwendigkeit; es ist aber gar nicht abzusehen, wie darum, weil etwas ist, etwas anderes notwendiger Weise auch sein müsse, und wie sich also der Begriff von einer solchen Verknüpfung a priori einführen lasse. Hieraus schloß er, daß die Vernunft sich mit diesem Begriffe ganz und gar betriege, daß sie ihn fälschlich vor ihr eigen Kind halte, da er doch nichts anders als ein Bastard der Einbildungskraft sei, die, durch Erfahrung beschwängert, gewisse Vorstellungen unter das Gesetz der Assoziation gebracht hat, und eine daraus entspringende subjektive Notwendigkeit, d. i. Gewohnheit, vor eine objektive aus Einsicht unterschiebt. Hieraus schloß er: die Vernunft habe gar kein Vermögen, solche Verknüpfungen, auch selbst nur im allgemeinen, zu denken, weil ihre Begriffe alsdenn bloße Erdichtungen sein würden, und alle ihre vorgeblich a priori bestehende Erkenntnisse wären nichts als falsch gestempelte gemeine Erfahrungen, welches eben so viel sagt, als, es gebe überall keine Metaphysik und könne auch keine geben . . .

So übereilt und unrichtig auch seine Folgerung war, so war sie doch wenigstens auf Untersuchung gegründet, und diese Untersuchung war es wohl wert, daß sich die guten

Köpfe seiner Zeit vereinigt hätten, die Aufgabe, in dem Sinne, wie er sie vortrug, wo möglich, glücklicher aufzulösen, woraus denn bald eine gänzliche Reform der Wissenschaft hätte entspringen müssen ...

Ich gestehe frei: die Erinnerung des David Hume war eben dasjenige, was mir vor vielen Jahren den dogmatischen Schlummer unterbrach, und meinen Untersuchungen im Felde der spekulativen Philosophie eine ganz andere Richtung gab. Ich war weit entfernt, ihm in Ansehung seiner Folgerungen Gehör zu geben, die bloß daher rührten, weil er sich seine Aufgabe nicht im Ganzen vorstellete, sondern nur auf einen Teil derselben fiel, der, ohne das Ganze in Betracht zu ziehen, keine Auskunft geben kann. Wenn man von einem gegründeten, obzwar nicht ausgeführten Gedanken anfängt, den uns ein anderer hinterlassen, so kann man wohl hoffen, es bei fortgesetztem Nachdenken weiter zu bringen, als der scharfsinnige Mann kam, dem man den ersten Funken dieses Lichts zu verdanken hatte" (A 7 ff.).

Auch Edmund Husserl betont in einem Paragraphen aus dem Entwurf zur Neufassung der VI. Logischen Untersuchung[1] Humes besondere Leistung in der Untersuchung der Berechtigung allgemeiner Erfahrungsurteile und ihres Gewißheitsgrades:

„Die Klärung der Verhältnisse von Anmutung und Vermutung (bzw. von realer Möglichkeit und Wahrscheinlichkeit) hat große Bedeutung für die Frage nach der Berechtigung der Begründung von Aussagen über Künftiges durch gemachte Erfahrungen, speziell einer sehr bekannten Art von Schlüssen von Vergangenheit auf Zukunft: der kausalen. Wissen wir im voraus, daß ein Ereignis der Art *U* notwendig ein Ereignis der Art *W* herbeizieht, daß es das *W* ‚bewirkt', so erwarten wir, wo uns das *U* gegeben ist, selbstverständlich das *W*. Und auch mit zweifellosem Recht, da es sich um einen syllogistischen Schluß handelt. Aber woher wissen

1. Veröffentlicht in dem von L. Landgrebe posthum herausgegebenen Werk Husserls *Erfahrung und Urteil*. Hamburg 1948, S. 472 ff.

wir jemals, daß zwischen Ereignissen der Art *U* und der Art *W* solch eine Verbindung notwendiger zeitlicher Folge besteht? Was berechtigt die Überzeugung, daß unter den Umständen *U* notwendig ein *W* eintreten muß, oder daß überhaupt irgendein Kausalverhältnis besteht? Da Notwendigkeit mit Gesetzlichkeit äquivalent ist, so sehen wir uns hierbei auf die Frage der Berechtigung allgemeiner Erfahrungsurteile geführt. Mit welchem Recht nehmen wir überhaupt an, daß allgemein irgend ein Erfahrungsverhältnis statthat, daß dieses oder jenes Naturgesetz besteht und nun gar das Gesetz der Gesetze, der Satz, daß alles Sein und Geschehen von einem einzigen, die ganze Natur und alle Zeit umspannenden gesetzlichen Zusammenhang befaßt wird?

Hume hat als erster dieses Problem zum Gegenstand einer umfassenden Untersuchung gemacht, und er endet mit dem Skeptizismus. Er findet keine Möglichkeit, auch nur die geringfügigste Kausalitätsfrage zu rechtfertigen, geschweige denn irgendein Naturgesetz und den Satz von der gesetzlichen Einheit der Natur oder, wie er gewöhnlich sagt, von der Gleichförmigkeit des Naturlaufs. Mit aller Schärfe scheidet er die Sphäre vernünftiger Einsicht von der Sphäre blinden Meinens. Auf der einen Seite steht das Gebiet der relations of ideas. In diesem Gebiet sind mit den Beziehungspunkten die Beziehungen untrennbar verknüpft, sind also in der Anschauung notwendig mitgegeben, und so können wir (durch generalisierende Abstraktion) die in dem Wesen der betreffenden Begriffe gründenden Verhältnisgesetze gewinnen... Die Negation dieser Gesetze bedeutet einen offenbaren Widersinn. Auf der anderen Seite steht das Gebiet der matters of fact, der allgemeinen Behauptungen über Tatsachen und der sie voraussetzenden singulären Tatsachenbehauptungen. Das Kausalverhältnis ist kein Verhältnis wie das von Höher oder Tiefer bei Qualitäten und Intensitäten. Die Notwendigkeit, die Wirkung an Ursache knüpft, das Bewirken und Bewirktwerden, das wir uns so gerne animistisch fingieren, ist nichts, was sich je am Einzelfall anschauen ließe.

Also hier ist kein Raum für eine generalisierende Abstraktion, die uns aus dem Einzelfall die Allgemeinheit entnehmen ließe. Und dem entspricht es, daß nichts im Inhalt der Tatsache, die wir Ursache, und derjenigen, die wir Wirkung nennen, die notwendige Verbindung beider so fordert, daß eine Aufhebung der Verbindung undenkbar wäre... In diesem ganzen Gebiete ist nach Hume von vernünftiger Rechtfertigung nichts zu finden . . . Das einzige, was man hier tun kann, ist, den psychologischen Ursprung der hierhergehörigen Urteile und Begriffe zu erforschen, d. i. in der faktischen menschlichen Psyche die Quellen aufzusuchen, aus denen der Schein der Vernünftigkeit dieser Urteile entspringt, und zunächst auch genetisch zu erklären, wie wir überhaupt dazu kommen, über das in Wahrnehmung und Erinnerung Gegebene hinaus an Künftiges zu glauben, wie das Gefühl der Nötigung entspringt, und wie es mit jener objektiven Notwendigkeit verwechselt wird, die in der Sphäre der Relationen zwischen Ideen ihre alleinige Stätte hat."

A. J. Ayer schließlich, einer der profiliertesten und radikalsten Vertreter der analytischen Schule, bezeichnet in seinem bei Erscheinen, 1936, größtes Aufsehen erregenden Buch *Language, Truth, and Logic* die Lehren Russells und Wittgensteins, von denen seine eigene Lehrmeinung ausgehe, als logische Folge des Empirismus Berkeleys und Humes:

"The views which are put forward in this treatise derive from the doctrines of Bertrand Russell and Wittgenstein, which are themselves the logical outcome of the empiricism of Berkeley and David Hume. Like Hume, I divide all genuine propositions into two classes: those which, in his terminology, concern 'relations of ideas', and those which concern 'matters of fact'"[2] (Vorwort zur 1. Auflage).

2. Die in dieser Abhandlung vertretenen Ansichten leiten sich her aus den Lehren Bertrand Russells und Wittgensteins, die ihrerseits die logische Folge des Empirismus Berkeleys und David Humes sind. Wie Hume unterteile ich alle echten Urteile in zwei Klassen: in solche, die – in seiner Terminologie – „Vorstellungsbeziehungen", und in solche, die „Tatsachen" betreffen.

Auch seine 1956 erschienene Untersuchung *The Problem of Knowledge* bezieht sich in Anlage und Gedankenführung nachdrücklich auf Hume, den diese gesamte, auch heute im englischen Raum noch die Diskussion bestimmende, philosophische Richtung als ihren Stammvater verehrt:

"When we consider ... that Hobbes and Bentham were chiefly occupied in giving definitions, and that the best part of John Stuart Mill's work consists in a development of the analyses carried out by Hume, we may fairly claim, that in holding that the activity of philosophising is essentially analytic we are adopting a standpoint which has always been implicit in English empiricism. Not that the practice of philosophical analysis has been confined to members of this school. But it is with them that we have the closest historical affinity"[3] (*Language, Truth, and Logic*, 2. Aufl., 8. Ausg., S. 55 f.).

Humes Erkenntnisse fanden nicht die Anerkennung der Zeitgenossen, die Kant ihnen gewünscht hätte. Seine von der radikalen Kritik der Substanz- und Kausalbegriffe ausgehende Restriktion der Welterkenntnis auf das in der äußeren oder inneren Erfahrung als „impression“ Gegebene und auf dessen assoziative Verknüpfung in der Vorstellung mußte auf die geschlossene Gegnerschaft der Schulmetaphysiker stoßen, die hier die traditionellen Fundamente ihres Denkens gründlich erschüttert sahen; und so verwundert es nicht, daß Humes *Treatise of Human Nature* in der

3. Bedenken wir, daß Hobbes und Bentham in der Hauptsache mit Definitionen befaßt waren und daß der beste Teil des Werkes von John Stuart Mill in der Entwicklung der Analysen besteht, die Hume durchführte, so dürfen wir mit Recht behaupten, daß wir mit unserer Meinung, das Philosophieren sei im wesentlichen eine analytische Aktivität, einen Standpunkt übernehmen, der stets im englischen Empirismus enthalten war. Nicht, daß die Durchführung der philosophischen Analyse auf die Mitglieder dieser Schule beschränkt geblieben ist; jedoch sind sie es, mit denen wir die engste historische Verwandtschaft haben.

gelehrten Welt stillschweigende, aber entschiedene Ablehnung erfuhr. Darüber schreibt er in seiner autobiographischen Skizze: "Never literary attempt was more unfortunate than my Treatise of Human Nature. It fell *dead-born from the press,* without reaching such distinction, as even to excite a murmur among the zealots."[4]

So entschließt sich Hume, das 1. Buch des *Treatise* ("Of the Understanding") zu überarbeiten. Diese Überarbeitung erscheint im April 1748 unter dem Titel *Philosophical Essays Concerning Human Understanding.* Aber auch dieses Werk, das später (1758) den Titel *An Enquiry Concerning Human Understanding* erhielt, ist zunächst nur wenig erfolgreicher als der *Treatise.*

Hume erklärt daraufhin, enttäuscht und verbittert darüber, daß sich die Kritik auch jetzt noch durchweg gegen den *Treatise,* sein Jugendwerk, richtet, er wolle in Zukunft nur noch *An Enquiry Concerning Human Understanding* als verbindliche Darstellung seiner Philosophie betrachtet wissen: "Henceforth, the Author desires, that the following pieces may alone be regarded as containing his philosophical sentiments and principles."[5]

4. Nie war ein gelehrtes Unternehmen weniger von Glück begünstigt als meine Abhandlung über die menschliche Natur. Sie kam *totgeboren aus der Presse* und gewann nicht einmal solche Bedeutung, daß sie den Fanatikern die geringste Äußerung entlockte. – Die Autobiographie trägt das Datum des 18. April 1776 und wurde 1777, einige Monate nach Humes Tod, durch seinen mit Brief vom 3. Mai 1776 dazu autorisierten Freund, den schottischen Philosophen und Staatsdenker Adam Smith, veröffentlicht, der auch die *Dialogues Concerning Natural Religion* 1779 erstmals herausgab. – Vgl. "My Own Life", in der Ausgabe der Philosophischen Werke Humes durch Green und Grose. Neudruck der 2. Aufl. 1882, Aalen 1964, III, 1 ff.

5. Der Verfasser wünscht, daß man in Zukunft ausschließlich die folgenden Ausführungen als Darstellung seiner philosophischen Ansichten und Grundsätze betrachten möge. – Vgl. "Advertise-

Es ist oft nach dem Verhältnis von *Treatise* und *Enquiry* gefragt worden, nach der philosophischen Relevanz beider Werke, und ob nicht – nach Humes eigenen Worten – die Interpreten gänzlich auf den *Treatise* verzichten sollten. Diese Fragen können hier nicht im einzelnen erörtert werden, doch läßt sich wohl mit Bestimmtheit sagen, daß man den *Treatise* nicht außer acht lassen darf, wenn man um ein vollständiges und adäquates Bild der Humeschen Erkenntniskritik bemüht ist: Manches ist hier ausführlicher und gründlicher, wenn auch oft umständlicher, weitschweifiger behandelt als in dem späteren Werk; vor allem finden sich im *Treatise* breite ontologische Erörterungen von Substanz, Kausalität, Bewußtsein, Raum und Zeit, die in der *Enquiry* fast völlig hinter die erkenntnistheoretische Diskussion zurücktreten. Zum anderen wird bei einem Vergleich der beiden Werke offensichtlich, daß die *Enquiry* in einer sehr viel klareren Sprache und strafferen Gedankenführung geschrieben ist und wohl in der Absicht, sich unter stärkerer Berücksichtigung methodischer und didaktischer Gesichtspunkte mitzuteilen. So ist gerade dieses Werk vorzüglich geeignet, mit den Grundgedanken der Erkenntniskritik Humes und darüber hinaus mit Motiven, Methode und Problemen des englischen Empirismus vertraut zu machen.

Die hier vorgelegte Übersetzung wurde nach der Ausgabe von Green und Grose gestaltet, deren Seitenzahlen in [] angegeben sind:

> *David Hume. The Philosophical Works;* ed. T. H. Green and T. H. Grose. 4 Bde. London 1874/75. 2. Aufl. 1882. Hiervon 1964 Neudruck im Scientia Verlag Aalen, der zur vorliegenden Übersetzung benutzt wurde (4. Bd.).

ment", erstmals als Vorwort zu der posthumen Ausgabe von 1777. – Humes Bekanntmachung ist auch dieser Übersetzung vorangestellt.

Vergleichsweise wurden die Ausgabe von Selby-Bigge und die Übersetzungen von Eisler und Richter herangezogen:

Enquiries Concerning the Human Understanding and Concerning the Principles of Morals, by David Hume; ed. L. A. Selby-Bigge. 2. Aufl. Oxford 1902, Neudruck 1963.

Eine Untersuchung über den menschlichen Verstand, von David Hume. Übersetzt und mit einer Einleitung und Anmerkungen versehen von Dr. Rudolf Eisler. Leipzig 1912 (Reclams UB Nr. 5489–90 a).

David Hume. Eine Untersuchung über den menschlichen Verstand. Herausgegeben von Raoul Richter. 9. Aufl. Leipzig 1928 (Philos. Bibl. Bd. 35).

Ich habe mich bei der Übersetzung bemüht, dem Stil Humes zu entsprechen und die Gedankenabfolge möglichst nicht zu verändern. Varianten der einzelnen Originalausgaben sind nur, und zwar als Anmerkung, mitgeteilt, wo sie zum besseren Textverständnis wünschenswert scheinen. An einigen für die Argumentation wichtigen Stellen wurden der Übersetzung Humesche Termini oder Definitionen in Klammern eingefügt. Infolge der klaren abschnittsweisen Betitelung und Gliederung des Textes wurde auf ein Sachregister verzichtet; und da sich Hume nur mit wenigen Denkern außer Locke und Berkeley expressis verbis auseinandersetzt, schien mir auch ein Personenregister nicht sinnvoll.

So bleibt zu hoffen, daß diese neue Übersetzung eines Hauptwerkes der abendländischen Philosophie zum Verständnis des Denkers beitragen möge, der – wie immer man sich zu seiner Theorie stellen mag – mit Recht zu den großen „Geographen der menschlichen Vernunft“[6] gerechnet wird.

Herbert Herring

6. Kant, *Kr. d. r. V.* A 760/B 788.

Eine Untersuchung über den menschlichen Verstand

Bekanntmachung

Die meisten Grundsätze und Erörterungen des vorliegenden Bandes wurden bereits in einem dreibändigen Werk mit dem Titel „Eine Abhandlung über die menschliche Natur“ veröffentlicht, das der Verfasser schon geplant hatte, bevor er die Universität verließ, und das er wenig später schrieb und veröffentlichte. Da es jedoch keinen Erfolg hatte, erkannte er den Irrtum, den er beging, indem er es zu früh in Druck gab, und bearbeitete es völlig neu zu den folgenden Ausführungen, in denen – wie er hofft – etliche Nachlässigkeiten seiner früheren Argumentation und des Ausdrucks verbessert sind. Jedoch haben einige Autoren, die des Verfassers Philosophie einer Entgegnung gewürdigt haben, mit besonderer Beflissenheit alle ihre Angriffe gegen jenes Jugendwerk gerichtet, das der Verfasser gar nicht mehr anerkannte; das bewog sie zu triumphieren, da sie sich diesem Werk in jeder Hinsicht überlegen glaubten – ein Verfahren, das freilich allen Regeln der Redlichkeit und Gerechtigkeit gründlich widerspricht und ein deutliches Beispiel für solche polemischen Kniffe ist, deren Anwendung bigotter Eifer für berechtigt hält.

Der Verfasser wünscht, daß man in Zukunft ausschließlich die folgenden Ausführungen als Darstellung seiner philosophischen Ansichten und Grundsätze betrachten möge.

ERSTER ABSCHNITT

Über die verschiedenen Arten der Philosophie

Die Philosophie des Geistes (moral philosophy) oder die Wissenschaft von der menschlichen Natur läßt sich auf zwei verschiedene Weisen behandeln, deren jede ihr besonderes Verdienst hat und zur Unterhaltung, Belehrung und Besserung der Menschheit beitragen kann. Die eine betrachtet den Menschen vornehmlich als zum Handeln geboren und in seinen Maßnahmen durch Neigung und Gefühl beeinflußt, nach einem Gegenstand strebend, einen anderen meidend, dem Werte entsprechend, den diese Gegenstände zu haben scheinen, und je nach dem Lichte, in dem sie sich zeigen. Da die Tugend als der wertvollste aller Gegenstände gilt, so malt diese Art von Philosophen sie in den liebenswürdigsten Farben, indem sie der Dichtung und der Redekunst alle Hilfsmittel entlehnen und ihren Gegenstand in leichter und einleuchtender Weise behandeln, in einer Art, die bestens geeignet ist, die Phantasie zu befriedigen und Gemütsbewegungen hervorzurufen. Sie wählen die treffendsten Beobachtungen und Beispiele aus dem täglichen Leben, lassen gegensätzliche Charaktere gehörig kontrastieren, und nachdem sie uns durch die Aussicht auf Ruhm und Glück auf die Pfade der Tugend gelockt haben, lenken sie unsere Schritte auf diesen Pfaden durch äußerst gesunde Anweisungen und glänzendste Beispiele. Sie lassen uns den Unterschied zwischen Laster und Tugend *spüren*, sie erregen und lenken unsere Gefühle, und wenn sie unsere Herzen für die Liebe zu Rechtschaffenheit und wahrer Ehre empfänglich machen können, glauben sie das Ziel ihrer Bemühungen voll erreicht zu haben.

Die andere Art von Philosophen betrachtet den Menschen mehr im Lichte eines vernünftigen als eines handelnden Wesens und ist mehr bestrebt, seinen Verstand zu bilden, als seine Sitten zu veredeln. Sie betrachten die menschliche Natur als einen Gegenstand spekulativen Denkens und untersuchen sie mit äußerster Sorgfalt, um jene Prinzipien zu finden, die unseren Verstand leiten, unsere Gefühle erregen und uns veranlassen, einen bestimmten Gegenstand, eine Handlung oder eine Verhaltensweise zu billigen oder zu tadeln. Nach ihrer Meinung gereicht es aller Wissenschaft zur Schande, daß die Philosophie noch nicht einwandfrei die Grundlage der Moral, der Verstandestätigkeit und des ästhetischen Urteils (criticism) festgestellt hat; daß sie immerfort von Wahrheit und Unwahrheit, Laster und Tugend, Schönheit und Häßlichkeit redet, ohne in der Lage zu sein, die Quelle dieser Unterscheidungen zu bestimmen. Sie nehmen diese schwierige Aufgabe in Angriff und lassen sich dabei durch keine Schwierigkeiten abschrecken; indem sie vielmehr von Einzelfällen zu allgemeinen Prinzipien fortschreiten, treiben sie ihre Untersuchungen zu noch allgemeineren Prinzipien voran und haben keine Ruhe, bis sie bei jenen ersten und obersten Prinzipien angelangt sind, die in jeder Wissenschaft die menschliche Wißbegierde (human curiosity) beschränken müssen. Mögen auch ihre Spekulationen dem Durchschnittsleser abstrakt, ja unverständlich scheinen: Sie streben nach dem Beifall der Gelehrten und Weisen und halten sich für die Arbeit ihres ganzen Lebens hinreichend entschädigt, wenn sie einige verborgene Wahrheiten entdecken können, die möglicherweise zur Belehrung der Nachwelt beitragen.

Sicher ist, daß die leichte und einleuchtende Philosophie stets bei der Mehrzahl der Menschen den Vorzug vor der sorgfältig erwogenen und schwerverständlichen haben wird, und viele werden sie empfehlen, nicht nur als angenehmer, sondern auch als nützlicher als die andere. Sie dringt mehr in das tägliche Leben ein, bildet Herz und Gemüt, und indem sie jene Prinzipien berührt, welche die Menschen zum Handeln veranlassen, bessert sie deren Lebensführung und bringt sie in größere Nähe des von ihr dargestellten Modellbildes der Vollkommenheit. Die schwerverständliche Philosophie hingegen beruht auf einer Geistesrichtung, die keinen Zugang zum praktischen Leben hat, und sie verschwindet, sobald der Philosoph aus dem Dunkel ins Tageslicht tritt; auch können ihre Prinzipien nicht leicht unsere Lebensführung und Verhaltensweise beeinflussen. Die Gefühle unseres Herzens, die Erregung unserer Leidenschaften, die Heftigkeit unserer Gemütsbewegungen verjagen alle ihre Schlußfolgerungen und machen aus einem tiefgründigen Philosophen einen ganz gewöhnlichen Menschen.

Des weiteren muß zugegeben werden, daß die leichte Philosophie den nachhaltigsten und verdientesten Ruhm erlangt hat und daß sich abstrakte Denker bisher nur eines vorübergehenden Ansehens erfreut zu haben scheinen – wegen der Laune oder Unwissenheit ihres eigenen Zeitalters –, ohne es vermocht zu haben, ihren Ruf bei einer unparteiischen Nachwelt zu behaupten. Einem tiefgründigen Philosophen kann leicht in seinen subtilen Gedankengängen ein Fehler unterlaufen, und ein Fehler erzeugt notwendig einen anderen, da er konsequent weiterdenkt und vor einer Schlußfolgerung nicht wegen ihres ungewöhnlichen Anscheins oder ihres Widerspruchs gegen die allgemeine Überzeugung zurückschreckt. Ein Philosoph jedoch, der nichts als die Darstellung des gesunden Menschenverstandes in schöneren und einladenderen Farben beabsichtigt, fährt nicht fort, wenn ihm zufällig ein

Irrtum unterläuft; indem er erneut den gesunden Menschenverstand und das natürliche Gefühl zu Rate zieht, kehrt er auf den rechten Weg zurück und bewahrt sich vor irgendwelchen gefährlichen Illusionen. Ciceros Ruhm steht heute noch in Blüte, während der des Aristoteles völlig verwelkt ist. La Bruyères Name dringt über die Meere und behauptet noch immer sein Ansehen; doch der Ruhm Malebranches bleibt auf sein eigenes Volk und seine Zeit beschränkt. Und vielleicht wird Addison noch mit Vergnügen gelesen werden, wenn Locke gänzlich vergessen sein wird.

Der reine Philosoph ist eine Person, die der Welt gewöhnlich nicht willkommen ist, weil er – wie man meint – weder zum Nutzen noch zum Vergnügen der Gesellschaft irgend etwas beisteuert; denn er lebt fern vom Umgang mit den Menschen, ganz in Prinzipien und Begriffe versenkt, die dem allgemeinmenschlichen Verständnis ebenfalls fernliegen. Andererseits wird der gänzlich Unwissende noch mehr verachtet; und nichts gilt in einer Zeit und bei einem Volke, wo die Wissenschaften blühen, als deutlicheres Zeichen eines engstirnigen Geistes, als aller Neigung für diese edlen Betätigungen bar zu sein. Man ist der Meinung, daß die vollkommenste Persönlichkeit zwischen diesen Extremen liegt: sie bewahrt sich gleichermaßen Begabung und Geschmack für Bücher, Geselligkeit und Geschäft, behält im Gespräch jenen Scharfsinn und Takt, welche die schönen Wissenschaften vermitteln, und in geschäftlichen Dingen jene Rechtschaffenheit und Korrektheit, die das natürliche Ergebnis einer wohlbegründeten Weltanschauung sind. Eine so vorzügliche Persönlichkeit zu fördern und zu pflegen, kann nichts geeigneter sein als Schriften des leichten, gefälligen Stils, die nicht zu sehr vom Leben ablenken, zu ihrem Verständnis keiner großen Anstrengung oder Zurückgezogenheit bedürfen und ihren Schüler, erfüllt von edlen Gefühlen und weisen Vorschriften, die auf jede Lebenslage anwendbar sind, wieder unter die Menschen entlassen. Durch solche Schriften wird die Tugend liebenswürdig, die Wissenschaft angenehm, Geselligkeit belehrend und Einsamkeit unterhaltsam.

Der Mensch ist ein vernünftiges Wesen und empfängt als solches von der Wissenschaft seine geeignete Speise und Nahrung. Aber die Grenzen des menschlichen Verstandes sind so eng, daß man weder hinsichtlich seines Gewißheitsgrades noch seiner Errungenschaften viel Befriedigendes erhoffen kann. Der Mensch ist auch ein geselliges Wesen, nicht weniger als ein vernünftiges; aber er kann sich weder fortwährend angenehmer und unterhaltsamer Gesellschaft erfreuen noch immer daran Gefallen finden. Der Mensch ist ferner ein handelndes Wesen und muß sich wegen dieser Veranlagung wie auch der mannigfachen Bedürfnisse des menschlichen Lebens Geschäft und Beruf widmen; der Geist jedoch verlangt bisweilen nach Erholung und kann nicht unablässig Sorge und Betriebsamkeit ertragen. Die Natur scheint also dem Menschengeschlechte eine gemischte Lebensweise als die geeignetste angewiesen und es insgeheim gewarnt zu haben, sich keiner dieser Neigungen zu sehr *hinzugeben* und dadurch unfähig für andere Beschäftigungen und Vergnügungen zu werden. Folge deinem Hange zur Wissenschaft – so spricht sie –, aber deine Wissenschaft sei menschlich, d. h. so, daß sie einen unmittelbaren Bezug zur Lebenspraxis und zur menschlichen Gesellschaft hat. Unzugängliche Gedanken und tiefgründige Untersuchungen verbiete ich dir und werde sie streng bestrafen durch die grüblerische Schwermut, die sie erzeugen, die endlose Ungewißheit, in die sie dich verstricken, und die kühle Aufnahme, mit der man deinen angeblichen Entdeckungen bei deren Veröffentlichung begegnen wird. Sei ein Philosoph, doch bleibe, bei all deiner Philosophie, stets Mensch.

Begnügte sich die Allgemeinheit damit, die leichte Philosophie der abstrakten und profunden vorzuziehen, ohne die letztere zu tadeln oder zu mißachten, so wäre es vielleicht nicht falsch, sich dieser allgemeinen Ansicht zu fügen und es jedermann – ohne Widerspruch – zu überlassen, sich seines eigenen Geschmacks und seiner eigenen Neigung zu erfreuen. Da man aber oft weiter geht, sogar so weit, alle tiefgründigen Erörterungen oder das, was man gemeinhin *Metaphysik* nennt, völlig zu verwerfen, wollen wir uns nun an die Betrachtung dessen machen, was vernünftigerweise zu ihren Gunsten angeführt werden kann.

Wir wollen mit der Feststellung beginnen, daß sich als beachtlicher Vorzug der sorgfältig erwogenen und abstrakten Philosophie ihre Förderung der leichten und menschlichen ergibt, die ohne jene niemals einen ausreichenden Grad der Exaktheit in ihren Ansichten, Vorschriften oder Gedankengängen erlangen kann. Alle schönen Wissenschaften (polite letters) sind bloße Gemälde des menschlichen Lebens in verschiedenen Lagen und Zuständen; sie erwecken in uns verschiedene Gefühle von Lob oder Tadel, Bewunderung oder Spott, je nach Beschaffenheit des uns vorgestellten Gegenstandes. Ein Künstler wird dieser Aufgabe besser gewachsen sein, sofern er – außer gutem Geschmack und rascher Auffassungsgabe – eine genaue Kenntnis der inneren Struktur, der Verstandesvorgänge, der Bewegungen der Leidenschaften und der verschiedenen Arten von Gefühlen hat, durch die wir Laster und Tugend unterscheiden. Wie mühsam auch diese nach innen gewandte Forschung oder Untersuchung scheinen mag, so wird sie doch in gewissem Maße für diejenigen unentbehrlich, die mit Erfolg die sichtbaren und äußeren Erscheinungen des Lebens und der Sitten beschreiben wollen. Der Anatom bietet dem Auge die scheußlichsten und unangenehmsten Dinge dar, aber seine Wissenschaft ist dem Maler selbst beim Entwurf einer Venus oder Helena nützlich. Während er die reichsten Farben seiner Kunst verwendet und seinen Gestalten die anmutigsten und einladendsten Gebärden verleiht, muß er doch immer noch seine Aufmerksamkeit auf die innere Struktur des menschlichen Körpers wenden, die Lage der Muskeln, den Knochenbau, Gebrauch und Gestalt jedes Körperteils oder Organs. Genauigkeit ist in jedem Falle der Schönheit dienlich und richtiges Denken dem zarten Empfinden. Es wäre vergeblich, das eine durch Herabsetzung des anderen zu preisen.

Wir können außerdem in jeder Kunst oder in jedem Beruf, selbst in solchen, die den stärksten Bezug zum Leben oder Handeln haben, beobachten, daß ein – wie auch immer erworbener – Geist der Genauigkeit sie alle der Vollkommenheit näherbringt und den Interessen der Gesellschaft dienlicher macht. Mag auch der Philosoph fern von Geschäften leben, so muß doch der Geist der Philosophie, wenn er vom einzelnen gepflegt wird, allmählich die ganze Gesellschaft durchdringen und jeder Kunst und jedem Beruf eine ähnliche Genauigkeit verleihen. Der Staatsmann wird größere Voraussicht und Scharfblick in der Verteilung und Ausgleichung der Gewalt gewinnen; der Jurist mehr Methode und klarere Prinzipien für seine Argumentation; der Feldherr geordnetere Disziplin und größere Behutsamkeit in seinen Plänen und Operationen. Die Beständigkeit der modernen Staatswesen gegenüber den alten und die Genauigkeit der modernen Philosophie haben sich in gleichem Maße vervollkommnet und werden sich wahrscheinlich noch vervollkommnen.

Ließe sich aus diesen Studien aber auch kein anderer Nutzen ziehen als die Befriedigung einer unschuldigen Wißbegierde, so sollte man selbst das nicht verachten, da es ein Zuwachs zu jenen wenigen ungefährlichen und harmlosen Freuden ist, die dem Menschengeschlechte vergönnt sind. Der angenehmste und unschädlichste Weg des Lebens führt durch die breiten Straßen von Wissenschaft und Gelehrsamkeit, und wer immer einige Hindernisse aus diesem Weg räumen oder eine neue Aussicht eröffnen kann, sollte deshalb als ein Wohltäter der Menschheit geachtet werden. Wenn auch diese Untersuchungen mühsam und anstrengend scheinen mögen, so ergeht es manchen Geistern so wie einigen Leibern: sind sie voll Kraft und blühender Gesundheit, verlangen sie nach anstrengender Übung und finden Vergnügen an dem, was den meisten Menschen beschwerlich und mühselig scheinen mag. Dunkelheit ist in der Tat dem Geiste ebenso peinvoll wie dem Auge; jedoch das Dunkel zu erhellen muß, welche Mühen es auch erfordert, Vergnügen und Freude bereiten.

Indes ist gegen diese Dunkelheit in der tiefgründigen und abstrakten Philosophie nicht nur geltend gemacht worden, daß sie beschwerlich und ermüdend, sondern auch die unvermeidliche Quelle von Ungewißheit und Irrtum sei. In der Tat liegt der gerechteste und einleuchtendste Einwand gegen einen beträchtlichen Teil der Metaphysik darin, daß sie nicht eigentlich eine Wissenschaft sei, sondern entweder entstehe aus den fruchtlosen Bemühungen menschlicher Eitelkeit, die in dem menschlichen Verstande völlig unzugängliche Gegenstände eindringen möchte, oder aus der List gängigen Aberglaubens, der, da er sich auf freiem Felde nicht verteidigen kann, dieses undurchdringliche Gestrüpp züchtet, um seine Schwäche zu verbergen und zu schützen. Aus dem freien Felde verjagt, fliehen diese Räuber in den Wald und liegen auf der Lauer, in jede unbewachte Straße des Geistes einzufallen und ihn durch religiöse Furcht und Vorurteile zu überwältigen. Der stärkste Gegner wird unterworfen, wenn er auch nur einen Augenblick in seiner Wachsamkeit nachläßt; und viele öffnen, aus Feigheit und Torheit, den Feinden die Tore und empfangen sie bereitwillig mit Ehrerbietung und Unterwürfigkeit als ihre rechtmäßigen Herren.

Ist das aber ein triftiger Grund, weshalb Philosophen auf solche Untersuchungen verzichten sollten, um den Aberglauben weiterhin in seinem Versteck zu lassen? Sollte man nicht die entgegengesetzte Folgerung ziehen und die Notwendigkeit erkennen, den Krieg in die geheimsten Schlupfwinkel des Feindes hineinzutragen? Wir hoffen vergeblich, daß die Menschen durch häufige Enttäuschung schließlich von solchem leichtfertigen Wissen ablassen und das eigentliche Gebiet der menschlichen Vernunft entdecken werden. Denn abgesehen davon, daß viele Menschen ein zu offensichtliches Interesse daran finden, solche Themen immer wieder zurückzurufen, ich sage, abgesehen hiervon, kann das Motiv aussichtsloser Verzweiflung vernünftigermaßen keinen Platz in den Wissenschaften haben, da, wie erfolglos sich frühere Versuche auch erwiesen haben mögen, noch Raum zu der Hoffnung bleibt, daß Fleiß, Glück oder größerer Scharfsinn folgender Generationen zu Entdeckungen gelangen könnten, die früheren Zeiten unbekannt waren. Jeder wagemutige Geist wird sich weiterhin nach dem hohen Preise recken und sich durch die Fehlschläge seiner Vorgänger eher angespornt als entmutigt fühlen; dabei hofft er, ihm allein sei der Ruhm vorbehalten, ein derart gewagtes Unternehmen zu bestehen. Die einzige Methode, die Wissenschaft mit einem Male von diesen verworrenen Fragen zu befreien, ist eine ernsthafte Untersuchung der Natur des menschlichen Verstandes und der aus exakter Analyse seiner Kräfte und seines Vermögens gewonnene Nachweis, daß er in keiner Weise für solche entlegenen und dunklen Aufgaben geeignet ist. Wir müssen uns dieser Mühe unterziehen, um nachher allzeit in Ruhe zu leben: Wir müssen die wahre Metaphysik sorgfältig pflegen, um die falsche und verderbliche zu zerstören. Die Gleichgültigkeit, die einige Menschen vor dieser trügerischen Philosophie bewahrt, wird bei anderen durch Wißbegierde aufgewogen, und bisweilen vorherrschende Verzweiflung kann später zuversichtlichen Hoffnungen und Erwartungen weichen. Genaues und richtiges Denken ist das einzige universale Heilmittel für jedermann und in jeder Verfassung und allein in der Lage, jene dunkle Philosophie und das metaphysische Kauderwelsch zu stürzen, das – in Verbindung mit gängigem Aberglauben – diese für sorglose Denker undurchdringlich macht und ihr den Anschein von Wissenschaft und Weisheit gibt.

Neben diesem Vorteil, nach gründlicher Untersuchung den unsichersten und unerfreulichsten Teil des Wissens abzulehnen, gibt es viele konkrete Vorteile, die sich aus einer sorgfältigen Prüfung der Kräfte und Fähigkeiten der menschlichen Natur ergeben. Es ist bezeichnend für die Operationen des Geistes, daß sie, obwohl uns am vertrautesten, dann in Dunkel gehüllt scheinen, wenn sie Gegenstand der Reflexion werden; man kann auch nicht auf den ersten Blick jene Regeln und Grenzen finden, die sie charakterisieren und unterscheiden. Diese Gegenstände sind zu fein, um lange unter dem gleichen Aspekt oder in der gleichen Lage zu bleiben, und müssen im Augenblick erfaßt werden, mittels einer höheren Einsicht, die Naturanlage ist und sich durch Übung und Nachdenken vervollkommnet. Somit wird allein schon ein nicht unbeträchtlicher Teil der Wissenschaft darin liegen, die verschiedenen Operationen des Geistes zu erkennen, sie gegeneinander abzugrenzen, sie richtig einzuordnen und die ganze scheinbare Unordnung richtigzustellen, in die sie verstrickt sind, wenn man sie zum Gegenstand der Reflexion und Forschung macht. Dieses Reden über Ordnen und Unterscheiden, das keinen besonderen Sinn hat mit Bezug auf die Körperwelt, die Objekte der Sinne, gewinnt an Wert, wenn es auf die Operationen des Geistes gerichtet wird, entsprechend der Schwierigkeit und Mühe, denen wir dabei begegnen. Und wenn wir auch nicht über diese geistige Ortsbestimmung oder Beschreibung der verschiedenen Teile und Kräfte des Geistes hinauskommen können, ist es wenigstens eine Genugtuung, schon so weit zu gehen; je einleuchtender diese Wissenschaft erscheinen mag (sie ist aber keineswegs einleuchtend), um so verachtenswerter muß ihre Unkenntnis bei allen denjenigen eingeschätzt werden, die Anspruch auf Gelehrsamkeit und Philosophie erheben.

Es kann auch nicht der Verdacht bleiben, diese Wissenschaft sei unsicher und chimärisch – es sei denn, man hege einen solchen Skeptizismus, der alle Forschung, ja sogar jedes Handeln zerstören müßte. Es kann nicht bezweifelt werden, daß der Geist mit verschiedenen Kräften und Tätigkeiten ausgestattet ist, daß diese Kräfte voneinander verschieden sind und daß, was wirklich in der unmittelbaren Perzeption[1] verschieden ist, auch in der Reflexion unterschieden werden kann; daß es folglich eine Wahrheit und Falschheit in allen Sätzen hierüber gibt, die nicht außerhalb des menschlichen Verstandesbereiches liegen. Es gibt viele offensichtliche Unterschiede dieser Art, wie den zwischen Willen und Verstand, Einbildungskraft und Leidenschaften, die jedermann verstehen kann; und die feineren, philosophischeren Unterscheidungen sind nicht minder wirklich und gewiß, mögen sie auch schwerer zu verstehen sein. Einige Erfolge in diesen Untersuchungen, vor allem aus jüngerer Zeit, können uns einen genaueren Begriff von der Gewißheit und Zuverlässigkeit dieses Zweiges der Wissenschaft geben. Soll es der Arbeit eines Philosophen würdig sein, uns ein wahres System der Planeten zu entwerfen, Position und Ordnung solcher entlegenen Körper festzustellen, wohingegen wir jene zu übersehen belieben, die mit so großem Erfolg die Bereiche des Geistes, an denen uns so sehr liegt, beschreiben?

Aber dürfen wir nicht hoffen, daß die Philosophie, bei sorgfältiger Pflege und durch öffentliche Beachtung angespornt, ihre Untersuchungen sogar noch weiter ausdehnen und wenigstens in einem gewissen Grade die geheimen Triebfedern und Prinzipien entdecken kann, durch welche die Operationen des menschlichen Geistes ausgelöst werden? Die Astronomen hatten sich lange Zeit damit begnügt, aus den Erscheinungen die wahre Bewegung, Ordnung und Größe der Himmelskörper zu beweisen; bis endlich ein Philosoph auftrat, der – auf Grund glücklichster Überlegung – anscheinend auch die Gesetze und Kräfte bestimmt hat, die den Umlauf der Planeten regieren und lenken. Das gleiche ist in anderen Bereichen der Natur vollbracht worden, und es besteht kein Grund, an einem ähnlichen Erfolg bei unserer Untersuchung der Kräfte und Verfassung des Geistes zu zweifeln, wenn mit gleichem Können und gleicher Sorgfalt verfahren wird. Es ist wahrscheinlich, daß eine Operation und ein Prinzip des Geistes von einem anderen abhängt, das wiederum in einem allgemeineren und umfassenderen aufgehoben sein kann. Wie weit diese Untersuchungen möglicherweise geführt werden können, das genau zu bestimmen wird uns vor, ja sogar nach sorgfältiger Untersuchung schwerfallen. Gewiß ist, daß solche Versuche täglich sogar von solchen unternommen werden, die äußerst oberflächlich philosophieren; doch nichts ist nötiger, als diese Untersuchung mit großer Sorgfalt und Aufmerksamkeit anzustellen, damit man sie, sofern das im Vermögen des menschlichen Verstandes liegt, letztlich glücklich vollbringe oder, wenn dies nicht der Fall ist, mit einiger Sicherheit verwerfen kann. Dieses letzte Ergebnis ist gewiß nicht wünschenswert und darf auch nicht zu voreilig akzeptiert werden, denn wieviel müßten wir unter solcher Voraussetzung von Schönheit und Wert dieser Art der Philosophie verlieren! Die Moralphilosophen pflegten bisher bei Betrachtung der ungeheuren Vielzahl und Verschiedenheit solcher Handlungen, die unsere Billigung oder Mißbilligung erregen, nach einem gemeinsamen Prinzip zu suchen, von dem diese Vielfalt der Gefühle abhängen könnte. Obgleich sie dabei manchmal, aus ihrer Leidenschaft für ein allgemeines Prinzip, zu weit gegangen sind, muß man doch gestehen, daß sie in ihrer Erwartung, einige allgemeine Prinzipien zu finden, auf die sich alle Laster und Tugenden einwandfrei zurückführen lassen, entschuldbar sind. Die gleiche Anstrengung haben die Kunstwissenschaftler, Logiker, ja selbst die Politiker unternommen, deren Versuche nicht ganz erfolglos geblieben sind, obgleich vielleicht längere Zeit, größere Sorgfalt und intensivere Anstrengungen diese Wissenschaften ihrer Vollendung noch näherbringen können. Alle Ansprüche dieser Art mit einem Male aufgeben, kann man mit Recht für voreiliger, überstürzter und dogmatischer halten als selbst die dreisteste und dogmatischste Philosophie, die jemals versucht hat, der Menschheit ihre unreifen Vorschriften und Prinzipien aufzubürden.

Was tut's, wenn diese Gedankengänge über die Menschennatur abstrakt und schwer verständlich scheinen? Das ist kein Hinweis auf die Annahme, sie seien falsch. Es scheint im Gegenteil unmöglich, daß das, was bisher so vielen weisen und tiefdenkenden Philosophen entgangen ist, sehr augenscheinlich und leicht faßlich sein kann. Was uns die Mühen bei diesen Untersuchungen auch kosten mögen: Wir können uns für hinreichend belohnt halten, sowohl hinsichtlich des Nutzens als auch der Freude, wenn wir dadurch unseren Bestand an Kenntnissen über solche unsäglich wichtigen Gegenstände vergrößern können.

Da aber schließlich die Abstraktheit dieser Spekulationen für sie keine Empfehlung, sondern eher ein Nachteil ist, und da die Schwierigkeit vielleicht durch Sorgfalt, Kunstfertigkeit und die Vermeidung jedes unnötigen Details überwunden werden kann, haben wir es in der folgenden Untersuchung unternommen, solche Gegenstände, deren Ungewißheit bislang die Weisen und deren Dunkelheit die Unwissenden abgeschreckt hat, etwas zu erhellen. Seien wir glücklich, wenn wir das Trennende der verschiedenen Arten der Philosophie dadurch aufheben können, daß wir Tiefe der Forschung mit Klarheit und Wahrheit mit Neuheit in Einklang bringen! Seien wir noch glücklicher, wenn wir mit dieser gefälligen Art der Gedankenführung die Grundlagen einer abstrusen Philosophie, die bisher offenbar nur dem Aberglauben als Schutz und Widersinn und Irrtum als Deckmantel gedient hat, untergraben können!

ZWEITER ABSCHNITT

Über den Ursprung der Vorstellungen

Jedermann wird bereitwillig zugeben, daß ein beträchtlicher Unterschied zwischen den Perzeptionen des Geistes besteht, wenn ein Mensch den Schmerz übermäßiger Hitze empfindet oder die Wohltat angenehmer Wärme und wenn er sich nachher diese Wahrnehmung ins Gedächtnis zurückruft oder sie in der Einbildungskraft vorwegnimmt. Diese Fähigkeiten können die Sinneswahrnehmungen nachahmen oder kopieren, jedoch niemals die Stärke und Lebendigkeit der ursprünglichen Empfindung völlig erreichen. Wir können höchstens von ihnen sagen – selbst dann, wenn sie mit größter Kraft auftreten –, sie stellen ihren Gegenstand derart lebendig dar, daß wir ihn *fast* zu sehen oder zu fühlen meinen; Aber außer wenn der Geist durch Krankheit oder Wahnsinn gestört ist, können sie nie einen solchen Grad der Lebendigkeit erreichen, daß diese Perzeptionen gänzlich voneinander ununterscheidbar wären. Alle Farben der Poesie, wie prächtig sie auch sein mögen, können nie und nimmer Naturgegenstände so malen, daß die Beschreibung für eine wirkliche Landschaft gehalten werden könnte. Der lebendigste Gedanke ist immer noch schwächer als die dumpfeste Wahrnehmung.

Wir können beobachten, wie ein gleicher Unterschied durch alle anderen Perzeptionen des Geistes hindurchgeht. Ein Mensch in einem Zornausbruch wird in gänzlich anderer Weise ergriffen als jemand, der nur an diese Gemütserregung denkt. Sagt man mir, jemand sei verliebt, verstehe ich leicht, was damit gemeint ist, und kann mir eine zutreffende Vorstellung von seinem Zustand machen. Aber niemals kann ich diese Vorstellung mit den wirklichen Verwirrungen und Gemütsbewegungen dieser Leidenschaft verwechseln. Wenn wir auf unsere früheren Gefühle und Gemütserregungen reflektieren, ist unser Gedanke ein getreuer Spiegel, der seine Gegenstände zuverlässig abbildet; doch die von ihm verwendeten Farben sind schwach und blaß im Vergleich zu den Farben unserer ursprünglichen Perzeptionen. Es bedarf keines Scharfsinnes oder eines metaphysischen Kopfes, den Unterschied zwischen beiden festzustellen.

Wir wollen deshalb alle Perzeptionen des Geistes in zwei Klassen oder Arten unterteilen, die durch ihre verschiedenen Grade der Stärke und Lebendigkeit unterschieden sind; die schwächsten und am wenigsten lebhaften werden gemeinhin Gedanken (THOUGHTS) oder Vorstellungen (IDEAS) genannt. Für die andere Art fehlt in unserer Sprache wie in den meisten anderen ein besonderer Name, vermutlich, weil es außer für philosophische Zwecke nicht erforderlich war, sie unter einen allgemeinen Ausdruck oder Namen zu fassen. Wir wollen uns deshalb erlauben, sie Eindrücke (IMPRESSIONS) zu nennen, wobei wir dieses Wort in einem vom üblichen etwas abweichenden Sinne gebrauchen. Unter der Bezeichnung *Eindruck* verstehe ich also alle unsere lebhafteren Perzeptionen, wenn wir hören, sehen, fühlen, lieben, hassen, begehren oder wollen. *Eindrücke* sind von Vorstellungen unterschieden, welche die weniger lebhaften Perzeptionen sind, deren wir uns bewußt sind, wenn wir auf eine der obenerwähnten Wahrnehmungen oder Gemütsbewegungen reflektieren[2].

Nichts erscheint wohl auf den ersten Blick unbegrenzter als das Denken des Menschen, das sich nicht nur aller menschlichen Macht und Autorität entzieht, sondern sich nicht einmal in den Grenzen von Natur und Wirklichkeit halten läßt. Ungeheuer zu ersinnen und nicht zueinander passende Gestalten und Erscheinungen miteinander zu verbinden kostet die Einbildungskraft nicht mehr Mühe, als sich die natürlichsten und vertrautesten Gegenstände vorzustellen; und während der Leib an einen Planeten gefesselt ist, auf dem er unter Schmerzen und Beschwerden einherkriecht, kann uns das Denken im Nu in die entlegensten Regionen des Universums tragen – oder sogar über das Universum hinaus in das grenzenlose Chaos, wo sich die Natur, wie man annimmt, in totaler Unordnung befindet. Was niemals gesehen wurde und wovon man niemals gehört hat, kann dennoch vorgestellt werden, und nichts übersteigt die Macht des Denkens, mit Ausnahme dessen, was einen absoluten Widerspruch enthält.

Doch obgleich unser Denken diese unbegrenzte Freiheit zu besitzen scheint, werden wir bei näherer Prüfung finden, daß es in Wirklichkeit in sehr enge Grenzen eingeschlossen ist und daß diese ganze schöpferische Kraft des Geistes nur in dem Vermögen besteht, das uns durch die Sinne und Erfahrung gegebene Material zu verbinden, zu transponieren, zu vermehren oder zu verringern. Denken wir uns einen goldenen Berg, so verbinden wir nur zwei vereinbare Vorstellungen, *Gold* und *Berg*, die uns von früher bekannt sind. Ein tugendhaftes Pferd können wir uns vorstellen, weil wir uns aus unserem eigenen Gefühl die Tugend vorstellen können; und diese können wir mit Gestalt und Aussehen eines Pferdes in Verbindung bringen, das ja ein uns vertrautes Tier ist. Kurz gesagt, der ganze Stoff des Denkens ist entweder aus der äußeren oder der inneren Sinnesempfindung (outward or inward sentiment) abgeleitet: Aufgabe des Geistes und des

Willens ist einzig und allein ihre Mischung und Zusammensetzung. Oder, um mich philosophisch auszudrücken: Alle unsere Vorstellungen oder schwächeren Perzeptionen sind Abbilder unserer Eindrücke oder lebhafteren Perzeptionen.

Zum Beweis dessen werden, so hoffe ich, die beiden folgenden Argumente ausreichen. Erstens: Wenn wir unsere Gedanken oder Vorstellungen – seien sie auch noch so kompliziert und erhaben – analysieren, stellen wir stets fest, daß sie sich zu solchen einfachen Vorstellungen auflösen, die einem vorherigen Gefühl oder einer Empfindung nachgebildet sind. Selbst solche Vorstellungen, die – auf den ersten Blick – von diesem Ursprung sehr weit entfernt scheinen, zeigen sich bei näherer Prüfung als aus ihm stammend. Die Vorstellung Gottes, in der Bedeutung eines allwissenden, allweisen und allgütigen Wesens, entsteht aus der Besinnung auf die Operationen unseres eigenen Geistes und die grenzenlose Steigerung dieser Eigenschaften der Güte und Weisheit. Mögen wir diese Untersuchung auch noch so weit fortführen, immer werden wir finden, daß jede Vorstellung, die wir prüfen, einem entsprechenden Eindruck nachgebildet ist. Diejenigen, die behaupten wollten, daß dieser Satz nicht allgemein und ausnahmslos wahr sei, haben nur eine, und zwar leichte Methode zu seiner Widerlegung – indem sie nämlich jene Vorstellung vorweisen, die – nach ihrer Meinung – nicht aus dieser Quelle stammt. Uns wird es dann obliegen, zur Aufrechterhaltung unserer Lehre jenen Eindruck oder jene lebhafte Perzeption aufzuzeigen, die ihr entspricht.

Zweitens: Wenn zufällig jemand, wegen eines organischen Fehlers, für irgendeine Art der Wahrnehmung nicht empfänglich ist, so stellen wir stets fest, daß er ebensowenig empfänglich ist für die entsprechenden Vorstellungen. Ein Blinder kann sich keinen Begriff von Farben, ein Tauber keinen von Tönen machen. Man stelle jedem von beiden den fehlenden Sinn wieder her, und indem man diesen neuen Zugang für seine Wahrnehmungen öffnet, öffnet man auch einen Zugang für die Vorstellungen, und es macht keine Schwierigkeit, sich diese Gegenstände vorzustellen. Ebenso verhält es sich, wenn der eine Wahrnehmung erregende Gegenstand noch nie mit dem Organ in Berührung kam. Ein Lappe oder Neger hat keinen Begriff vom Geschmack des Weines; und obwohl es wenige oder gar keine Beispiele eines ähnlichen geistigen Gebrechens gibt, wo jemand eine seiner Gattung gemäße Empfindung oder Leidenschaft noch niemals gefühlt hat oder ihrer gänzlich unfähig ist, so läßt sich hier die gleiche Beobachtung machen, wenn auch in geringerem Grade. Ein Sanftmütiger kann sich keine Vorstellung von tiefverwurzelter Rache oder Grausamkeit machen, noch fällt es einem Egoisten leicht, sich die höchsten Stufen von Freundschaft und Edelmut vorzustellen. Es wird gerne zugegeben, daß andere Lebewesen viele Sinne haben mögen, die wir uns nicht vorstellen können, weil uns ihre Vorstellungen niemals in der einzigen Weise zugeführt worden sind, durch die eine Vorstellung in unseren Geist, unseren Verstand treten kann, nämlich durch wirkliches Erleben und Wahrnehmen.

Allerdings gibt es eine gegensätzliche Erscheinung, die beweisen könnte, daß es Vorstellungen nicht völlig unmöglich wäre, unabhängig von ihren entsprechenden Eindrücken zu entstehen. Man wird, wie ich glaube, ohne weiteres zugeben, daß die verschiedenen deutlichen Vorstellungen von Farbe, die durch das Auge eingehen, oder von Tönen, die durch das Ohr vermittelt werden, sich tatsächlich voneinander unterscheiden und sich dennoch ähnlich sind. Wenn das aber für verschiedene Farben zutrifft, kann es nicht weniger zutreffend sein für die verschiedenen Schattierungen derselben Farbe; jede Schattierung erzeugt eine von den übrigen unabhängige bestimmte Vorstellung. Wollte man das leugnen, wäre es durch andauernde Abstufung der Schattierungen möglich, eine Farbe unmerklich in die entgegengesetzte zu verwandeln. Will man die dazwischenliegenden Farben nicht als verschieden gelten lassen, kann man auch nicht ohne Ungereimtheit die Gleichheit der Endglieder leugnen. Angenommen nun, ein Mensch habe sich dreißig Jahre lang seines Augenlichtes erfreut und sei völlig vertraut geworden mit Farben aller Art außer z. B. einer bestimmten Abstufung des Blau, die ihm zufällig niemals begegnet ist. Man lasse ihm alle verschiedenen Abstufungen dieser Farbe, außer der einen, vorlegen, allmählich absteigend von der dunkelsten bis zur hellsten, so wird er offenbar dort eine Lücke bemerken, wo diese Farbstufe fehlt, und empfinden, daß an jener Stelle ein größerer Unterschied zwischen den benachbarten Farben ist als an irgendeiner anderen Stelle. Ich frage nun, ob es ihm mittels seiner eigenen Einbildungskraft möglich sein wird, dieses Fehlende zu ergänzen und sich die Vorstellung dieser besonderen Farbstufe zu erzeugen, obgleich sie ihm niemals durch seine Sinne zugetragen worden war? Ich glaube, es gibt nur wenige, die der Meinung sind, er könne das nicht; und das kann als Beweis dafür dienen, daß die einfachen Vorstellungen nicht immer in jedem Falle von den entsprechenden Eindrücken abgeleitet werden. Dieser Fall ist jedoch so vereinzelt, daß er kaum unserer Beachtung wert ist und es nicht verdient, daß wir allein seinetwegen unseren allgemeinen Grundsatz ändern.

Hier haben wir also einen Satz, der nicht nur für sich selbst einfach und verständlich scheint, sondern – bei rechter Anwendung – jede Streitfrage gleichermaßen verständlich machen und jenes ganze Kauderwelsch verbannen könnte, das so lange Zeit die metaphysischen Gedankengänge beherrscht und ihnen Schande gemacht hat. Alle Vorstellungen, besonders die abstrakten, sind wesensmäßig blaß und dunkel: Der Geist hat sie nur wenig in der Gewalt. Sie lassen sich leicht mit ähnlichen Vorstellungen verwechseln, und wenn wir häufig einen Ausdruck, wenn auch ohne feste Bedeutung, gebraucht haben, bilden wir uns leicht ein, es sei mit ihm eine bestimmte Vorstellung verknüpft. Im Gegensatz dazu sind alle Eindrücke, d. h. alle Wahrnehmungen, äußere wie innere, stark und lebhaft; ihre Grenzen untereinander sind genauer festgelegt, und man kann in dieser Hinsicht nicht leicht einen Irrtum oder Fehler begehen. Wenn wir darum den Verdacht haben, daß ein philosophischer Terminus ohne feste Bedeutung oder Vorstellung gebraucht wird (was nur zu häufig geschieht), brauchen wir nur zu fragen: *Welchem Eindruck entstammt diese angebliche Vorstellung?* Wenn es unmöglich ist, einen solchen anzugeben, so wird das zur Bestätigung unseres Verdachtes beitragen. Dadurch, daß wir die Vorstellungen in ein so klares Licht gerückt haben, dürfen wir mit Recht hoffen, allen Streit zu beenden, der sich hinsichtlich ihrer Natur und Realität erheben könnte*.

* Es ist wahrscheinlich, daß diejenigen, die angeborene Ideen leugneten, nicht mehr damit meinten, als daß alle Vorstellungen Abbilder unserer Eindrücke seien; allerdings muß man gestehen, daß die von ihnen verwendeten Termini weder so sorgfältig gewählt noch so genau definiert waren, um alle Mißverständnisse ihrer Lehre zu vermeiden. Denn was versteht man unter *angeboren*? Wenn angeboren soviel wie natürlich bedeutet, dann müssen alle Perzeptionen und Vorstellungen des Geistes angeboren oder natürlich sein, in welchem Sinne wir auch immer das letztere Wort gebrauchen: als Gegensatz zum Ungewöhnlichen, Künstlichen oder Wunderbaren. Wenn mit angeboren gemeint ist, gleichzeitig mit unserer Geburt, so scheint der Disput unbedeutend; es lohnt auch nicht, zu untersuchen, in welchem Zeitpunkt das Denken beginnt, ob vor, mit oder nach der Geburt. Außerdem scheint

DRITTER ABSCHNITT

Über die Assoziation der Vorstellungen

Es gibt offenbar ein Prinzip der Verknüpfung (connexion) verschiedener Gedanken oder Vorstellungen des Geistes, und wenn sie im Gedächtnis oder in der Einbildungskraft erscheinen, führt eine die andere gewissermaßen methodisch und regelmäßig ein. Beim ernsthaften Denken oder Gespräch ist das so auffallend, daß jeder einzelne Gedanke, der die regelmäßige Folge oder Kette der Vorstellungen unterbricht, sofort bemerkt und abgewiesen wird. Selbst in unseren abenteuerlichsten und schwärmerischsten Träumereien, ja in unseren wirklichen Träumen, werden wir finden,

das Wort *Vorstellung* überhaupt von Locke und anderen in einem sehr ungenauen Sinne verwendet zu werden, nämlich als Bezeichnung jeglicher unserer Perzeptionen, Wahrnehmungen und Leidenschaften wie auch der Gedanken. In diesem Falle möchte ich aber gerne wissen, was die Behauptung zu besagen hat, Eigenliebe, Rachegefühl oder geschlechtliche Leidenschaft seien nicht angeboren.

Nimmt man aber die Termini *Eindrücke* und *Vorstellungen* in dem obenerklärten Sinne, und versteht man unter *angeboren* dasjenige, was ursprünglich ist oder von keiner vorhergehenden Perzeption abgebildet, dann können wir behaupten, daß alle unsere Eindrücke angeboren und unsere Vorstellungen nicht angeboren sind.

Offen gestanden bin ich der Meinung, daß Herr Locke zu dieser Fragestellung durch die Schulphilosophen verführt wurde, die durch den Gebrauch undefinierter Ausdrücke ihre Dispute ermüdend in die Länge ziehen, ohne jemals den zur Frage stehenden Punkt zu berühren. Eine ähnliche Vieldeutigkeit und Weitschweifigkeit scheint sich durch die Erörterungen jenes großen Philosophen zu ziehen, sofern sie diesen als auch die meisten anderen Gegenstände betreffen[3].

sofern wir auf sie reflektieren, daß die Einbildungskraft nicht völlig planlos verlief, sondern daß es zwischen den verschiedenen aufeinanderfolgenden Vorstellungen doch noch eine Verknüpfung gab. Würde man das zwangloseste und freieste Gespräch niederschreiben, so würde man sofort etwas feststellen, das es in allen seinen Übergängen verknüpfte. Wo dieses fehlte, könnte derjenige, der den Faden des Gesprächs unterbrach, doch angeben, daß sich in seinem Geiste unmerklich eine Gedankenfolge abgewickelt habe, die ihn allmählich vom Gesprächsthema abgelenkt habe. Wir finden in verschiedenen Sprachen, selbst da, wo wir nicht die geringste Verknüpfung oder Verbindung vermuten können, daß die Wörter, die höchst komplizierte Vorstellungen ausdrücken, nahezu übereinstimmen: Das ist ein sicherer Beweis dafür, daß die – in den zusammengesetzten enthaltenen – einfachen Vorstellungen durch ein gewisses universelles Prinzip verbunden sind, das für die ganze Menschheit gleichermaßen gilt.

Obgleich die Verknüpfung verschiedener Vorstellungen zu augenfällig ist, um der Beobachtung zu entgehen, sehe ich doch nicht, daß irgendein Philosoph versucht hat, alle Prinzipien der Assoziation aufzuzählen oder zu klassifizieren; jedoch scheint dieser Gegenstand wissenswert. Für mich ergeben sich nur drei Prinzipien der Vorstellungsverknüpfung, nämlich *Ähnlichkeit (Resemblance)*, raum-zeitliche *Berührung (Contiguity)* und *Ursache* oder *Wirkung (Cause* or *Effect)*.

Daß diese Prinzipien der Vorstellungsverknüpfung dienen, wird – wie ich meine – kaum bezweifelt werden. Ein Bild lenkt unsere Gedanken naturgemäß auf das Original*; die Erwähnung eines der Wohnräume in einem Gebäude bringt selbstverständlich die Frage oder das Gespräch auf die anderen**; und wenn wir an

* Ähnlichkeit.
** Berührung.

eine Wunde denken, können wir den Gedanken an den ihr folgenden Schmerz kaum vermeiden*. Aber daß diese Aufzählung vollständig ist und daß es außer diesen keine anderen Prinzipien der Assoziation gibt, mag sehr schwer zur Zufriedenheit des Lesers oder sogar zur eigenen Zufriedenheit zu beweisen sein. In solchen Fällen bleibt nichts anderes zu tun, als etliche Einzelfälle durchzugehen und dasjenige Prinzip sorgfältig zu untersuchen, das die verschiedenen Gedanken miteinander verbindet, und nicht eher zu ruhen, bis wir das Prinzip so allgemein wie möglich gemacht haben**. Je mehr Fälle wir untersuchen, und je größere Sorgfalt wir aufwenden, um so größere Sicherheit werden wir erlangen, daß die Aufzählung, die wir aus dem Ganzen gewinnen, vollständig und endgültig ist.

* Ursache und Wirkung.

** So ist z. B. Gegensatz oder Widerspruch auch eine Verknüpfung von Vorstellungen, aber man kann sie vielleicht als eine Mischung von *Ursächlichkeit* und *Ähnlichkeit* betrachten. Wo zwei Dinge einander widerstreiten, zerstört eines das andere, d. h., die Ursache seiner Vernichtung und die Vorstellung der Vernichtung eines Dinges schließen die Vorstellung seiner früheren Existenz ein.

VIERTER ABSCHNITT

Skeptische Zweifel an den Verstandestätigkeiten

Erster Teil

Alle Gegenstände menschlichen Denkens und Forschens lassen sich naturgemäß in zwei Arten gliedern, nämlich in *Vorstellungsbeziehungen (Relations of Ideas)* und in *Tatsachen (Matters of Fact).* Von der ersten Art sind die Lehren der Geometrie, Algebra und Arithmetik, kurz, jede Behauptung von entweder intuitiver oder demonstrativer Gewißheit. *Daß das Quadrat der Hypotenuse dem Quadrat der beiden Katheten gleich ist,* ist ein Satz, der eine Beziehung zwischen diesen Figuren ausdrückt. *Daß drei mal fünf der Hälfte von dreißig gleich ist,* drückt eine Beziehung zwischen diesen Zahlen aus. Sätze dieser Art lassen sich durch bloße Denktätigkeit entdecken, unabhängig davon, ob irgendwo im Weltall etwas existiert. Wenn es auch niemals einen Kreis oder ein Dreieck in der Natur gegeben hätte, würden doch die von Euklid demonstrierten Wahrheiten für immer ihre Gewißheit und Evidenz behalten.

Tatsachen, die zweiten Objekte menschlichen Denkens, sind nicht auf die gleiche Weise verbürgt; auch ist unsere Evidenz von ihrer Wahrheit – wie groß sie auch immer sei – nicht der vorhergehenden vergleichbar. Das Gegenteil jeder Tatsache ist immer möglich, da es niemals einen Widerspruch enthält und vom Geist mit der gleichen Leichtigkeit und Deutlichkeit vorgestellt wird, wie wenn es der Wirklichkeit völlig entspräche. *Daß die Sonne morgen nicht aufgehen wird,* ist ein nicht minder einsichtiger Satz und enthält keinen größeren Widerspruch als die Behauptung, *daß sie aufgehen wird.* Wir würden deshalb vergeblich versuchen, seine Falschheit zu beweisen. Wäre er nachweislich falsch, dann würde er einen Widerspruch enthalten und könnte niemals vom Geiste deutlich vorgestellt werden.

Es dürfte also des Interesses wert sein, das Wesen jener Evidenz zu untersuchen, die uns jedes wirklich Existierenden und jeder Tatsache versichert, die über das gegenwärtige Zeugnis der Sinne oder die Angaben unseres Gedächtnisses hinausgehen. Es fällt auf, daß dieser Teil der Philosophie bei den Alten wie bei den Neueren wenig gepflegt worden ist, und deshalb mögen unsere Zweifel und Irrtümer bei der Durchführung einer so wichtigen Untersuchung um so entschuldbarer sein; denn wir beschreiten so schwierige Pfade ohne Führer oder Richtung. Diese Zweifel und Irrtümer können sich sogar als nützlich erweisen, indem sie die Wißbegierde wecken und jenes unbegrenzte Vertrauen und jene Sicherheit zerstören, die das Verderben aller Verstandestätigkeit und freien Forschung sind. Die Entdeckung von Mängeln in der herkömmlichen Philosophie – wenn es solche gibt – wird meines Erachtens nicht entmutigen, sondern vielmehr – wie so oft – ein Anreiz sein, etwas Vollständigeres und Befriedigenderes zu erstreben, als bisher der Öffentlichkeit geboten wurde.

Alle Tatsachen betreffenden Vernunfterwägungen scheinen auf der Beziehung von *Ursache und Wirkung* zu beruhen. Einzig mittels dieser Beziehung können wir über die Evidenz unseres Gedächtnisses und unserer Sinne hinausgehen. Würde man jemanden fragen, weshalb er an eine nicht gegenwärtige Tatsache glaube,

z. B., daß sein Freund auf dem Lande oder in Frankreich sei, so würde er einen Grund angeben, und dieser Grund würde eine andere Tatsache sein, etwa ein Brief, den er von ihm erhalten hat, oder das Wissen um seine früheren Entschlüsse und Versprechungen. Fände jemand auf einer einsamen Insel eine Uhr oder eine andere Maschine, würde er daraus schließen, daß einst auf jener Insel Menschen gewesen seien. Alle unsere Gedankengänge über Tatsachen sind von gleicher Art. Dabei wird immer vorausgesetzt, daß eine Verknüpfung zwischen der gegenwärtigen Tatsache und der aus ihr gefolgerten besteht. Gäbe es nichts sie Verbindendes, wäre die Folgerung völlig ungereimt. Hören wir im Dunkel eine artikulierte Stimme und ein vernünftiges Gespräch, sind wir der Anwesenheit einer Person gewiß. Weshalb? Weil sie Auswirkungen menschlicher Beschaffenheit und Struktur und eng mit ihr verbunden sind. Zergliedern wir alle anderen Gedankengänge dieser Art, werden wir sehen, daß sie sich auf die Beziehung von Ursache und Wirkung gründen und daß diese Beziehung eine nahe oder entfernte, direkte oder gleichzeitige ist. Hitze und Helligkeit sind gleichzeitige Wirkungen des Feuers, und die eine Wirkung kann mit Recht aus der anderen abgeleitet werden.

Wollen wir somit eine zufriedenstellende Erklärung für das Wesen jener Evidenz der Gewißheit von Tatsachen erlangen, haben wir zu untersuchen, wie wir zur Erkenntnis von Ursache und Wirkung kommen.

Ich wage es, den Satz als allgemeingültig und keine Ausnahme duldend aufzustellen, daß die Kenntnis dieser Beziehung in keinem Falle durch Denkakte *a priori* gewonnen wird, sondern ausschließlich aus der Erfahrung stammt, indem wir feststellen, daß gewisse Gegenstände immerdar miteinander verbunden sind. Man lege einem noch so klugen und fähigen Menschen einen

Gegenstand vor; ist ihm dieser gänzlich fremd, wird er – trotz sorgfältigster Untersuchung seiner sinnenfälligen Qualitäten – nicht fähig sein, irgendeine seiner Ursachen oder Wirkungen zu entdecken. Adam, dessen Vernunftvermögen ursprünglich doch als schlechthin vollkommen galt, hätte von der Flüssigkeit und Durchsichtigkeit des Wassers nicht darauf schließen können, daß es ihn ersticken, oder aus der Helle und Wärme des Feuers, daß es ihn verzehren würde. Kein Gegenstand enthüllt jemals durch seine sinnfälligen Eigenschaften die Ursachen, die ihn hervorgebracht haben, oder die Wirkungen, die aus ihm entstehen werden; auch kann unser Denken ohne Unterstützung durch die Erfahrung nie auf das wirkliche Dasein und auf Tatsachen schließen.

Dieser Satz, *daß Ursachen und Wirkungen nicht durch Vernunft, sondern durch Erfahrung zu entdecken sind,* wird bereitwillig für solche Gegenstände zugegeben werden, die uns, soweit wir uns erinnern, früher gänzlich unbekannt waren; denn wir müssen uns bewußt sein, daß wir damals völlig unfähig waren, vorauszusagen, was aus ihnen entstehen werde. Man gebe einem Menschen, der keinen Schimmer von Naturwissenschaften hat, zwei glatte Marmorstücke; er wird niemals entdecken, daß sie derart aneinander haften werden, daß es großer Kraft bedarf, sie in senkrechter Richtung zu trennen, während sie dem seitlichen Druck nur geringen Widerstand leisten. Bei solchen Vorgängen, die wenig Ähnlichkeit mit dem gewöhnlichen Naturablauf besitzen, wird man ebenfalls gerne zugeben, daß sie nur durch Erfahrung erkannt werden. Desgleichen wird sich niemand einbilden, die Explosion von Schießpulver oder die Anziehungskraft des Magneten könne jemals durch *apriorische* Argumente entdeckt werden. In ähnlicher Weise sträuben wir uns nicht, alle unsere Kenntnis der Erfahrung zuzuschreiben, wenn man glaubt, daß eine Wirkung von einem schwierigen Mechanismus oder einer verborgenen Struktur der Teile abhängig sei. Wer möchte behaupten, er könne den letzten Grund dafür nennen, warum Milch oder Brot geeignete Nahrungsmittel für den Menschen, nicht aber für den Löwen oder Tiger sind?

Doch die gleiche Wahrheit scheint auf den ersten Blick nicht die gleiche Evidenz zu haben bezüglich solcher Vorgänge, die uns seit der Geburt vertraut sind, die große Ähnlichkeit mit dem Gesamtablauf der Natur haben, die von den einfachen Eigenschaften der Dinge abzuhängen scheinen und nicht von einer verborgenen Struktur der Teile. Wir sind geneigt, anzunehmen, diese Wirkungen durch reines Denken, ohne jede Erfahrung, entdecken zu können. Wir bilden uns ein, wenn wir plötzlich in die Welt gestellt worden wären, so hätten wir von Anfang an darauf schließen können, daß eine angestoßene Billardkugel einer anderen Bewegung vermitteln würde, und daß wir nicht diesen Vorgang hätten abzuwarten brauchen, um darüber mit Sicherheit etwas auszusagen. So groß ist der Einfluß der Gewohnheit, daß da, wo sie am stärksten ist, sie nicht nur unsere natürliche Unwissenheit verhüllt, sondern sich auch selbst verbirgt und ebendeshalb nicht da zu sein scheint, nur weil sie in höchstem Maße vorhanden ist.

Um uns aber davon zu überzeugen, daß alle Naturgesetze und alle Wirksamkeiten der Körper ausnahmslos nur durch Erfahrung erkannt werden, mögen vielleicht folgende Überlegungen genügen. Würde man uns irgendeinen Gegenstand zeigen, und würden wir aufgefordert, die von ihm ausgehende Wirkung zu nennen, ohne frühere Beobachtungen zu Rate zu ziehen, auf welche Weise – so frage ich – muß der Geist dabei verfahren? Er muß sich ein Ereignis erfinden oder ausdenken, das er dem Gegenstand als dessen Wirkung zuschreibt, und es ist klar, daß diese Erfindung völlig willkürlich sein muß. Der Geist kann unmöglich jemals die Wirkung in der mutmaßlichen Ursache finden, nicht einmal durch die sorgfältigste Forschung und Untersuchung. Die Wirkung ist nämlich von der Ursache gänzlich verschieden und kann folglich niemals in ihr entdeckt werden. Die Bewegung der zweiten Billardkugel ist ein von der Bewegung der ersten völlig verschiedenes Ereignis, und in der einen ist nichts vorhanden, was den geringsten Hinweis auf die andere gäbe. Ein Stein oder ein Metallstück, das in die Luft gehoben und dort ohne Stütze gelassen wird, fällt unverzüglich; betrachten wir aber die Sache *a priori*, läßt sich wohl dann irgend etwas an dieser Lage entdecken, das eher die Vorstellung einer nach unten gerichteten als die einer nach oben oder anderswohin gerichteten Bewegung im Stein oder Metall hervorbringen kann?

Und wie die erste Einbildung oder Erfindung einer bestimmten Wirkung in allen Naturvorgängen dort willkürlich bleibt, wo wir nicht die Erfahrung befragen, so müssen wir auch das angenommene Band oder die Verknüpfung zwischen Ursache und Wirkung, die sie zusammenhält und es unmöglich macht, daß irgendeine andere Wirkung aus dem Verhalten einer Ursache folgen könnte, als willkürlich ansehen. Sehe ich z. B., wie sich eine Billardkugel in gerader Linie auf eine andere hin bewegt – selbst angenommen, die Bewegung der zweiten Kugel würde mir zufällig als das Resultat der Berührung beider oder des Stoßes auffallen –, kann ich mir dann nicht vorstellen, daß hundert verschiedene Ereignisse genausogut aus dieser Ursache folgen könnten? Können nicht beide Kugeln in absoluter Ruhe bleiben? Kann nicht die erste Kugel in gerader Linie zurückkehren oder von der zweiten in irgendeiner

Linie oder Richtung wegspringen? Alle diese Annahmen sind widerspruchsfrei und vorstellbar. Weshalb also sollten wir einer den Vorzug geben, die nicht widerspruchsfreier und vorstellbarer ist als die übrigen? Alle unsere *apriorischen* Erörterungen werden nie imstande sein, uns einen Grund für diese Bevorzugung zu zeigen.

Mit einem Wort also: jede Wirkung ist ein von ihrer Ursache verschiedenes Ereignis. Sie kann daher nicht in der Ursache entdeckt werden, und die erste *apriorische* Erfindung oder Vorstellung davon muß völlig willkürlich sein. Selbst nachdem sie uns in den Sinn gekommen ist, muß ihre Verbindung mit der Ursache gleichermaßen willkürlich scheinen, da es immer noch viele andere Wirkungen gibt, die der Vernunft genauso folgerichtig und natürlich scheinen müssen. Wir würden deshalb vergeblich danach streben, ein einzelnes Ereignis zu bestimmen oder irgendeine Ursache oder Wirkung zu erschließen, ohne die Hilfe von Beobachtung und Erfahrung.

Hieraus erklärt sich auch der Grund, warum kein vernünftiger und bescheidener Philosoph je versucht hat, die letzte Ursache eines Naturvorganges anzugeben oder die Aktion jener Kraft deutlich aufzuweisen, welche irgendeine Wirkung im Universum hervorbringt. Man gibt zu, daß das Äußerste, was menschliche Vernunft vermag, darin besteht, die Naturphänomene hervorbringenden Prinzipien zu größerer Einfachheit zu bringen und – mittels Analogieschließens, Erfahrung und Beobachtung – die vielen einzelnen Wirkungen auf einige wenige allgemeine Ursachen zurückzuführen. Wir würden aber vergeblich versuchen, die Ursachen dieser allgemeinen Ursachen zu entdekken, noch werden wir je imstande sein, uns mit irgendwelchen besonderen Erklärungen von ihnen zufriedenzugeben. Diese letzten Quellen und Prinzipien sind menschlicher Wißbegierde und Forschung ganz und

[27]

gar verschlossen. Elastizität, Schwerkraft, Kohäsion der Teile, Mitteilung der Bewegung durch Stoß – das sind vielleicht die letzten Ursachen und Prinzipien, die wir je in der Natur entdecken werden; und wir dürfen uns glücklich genug schätzen, wenn wir durch sorgfältige Untersuchung und Erwägung die einzelnen Phänomene bis oder annähernd bis auf diese allgemeinen Prinzipien zurückverfolgen können. Das vollkommenste Wissen um die Natur schiebt unsere Unwissenheit nur etwas weiter hinaus; wie vielleicht die vollkommenste Philosophie des Geistes nur dazu gut ist, weitere Bereiche unserer Unwissenheit aufzudecken. So ist die Enthüllung menschlicher Blindheit und Schwäche das Ergebnis aller Philosophie; sie begegnet uns auf Schritt und Tritt, trotz unserer Bemühungen, ihr auszuweichen oder zu entrinnen.

Ebensowenig ist die Geometrie, wenn von der Naturwissenschaft zu Hilfe genommen, jemals imstande, diesem Mangel abzuhelfen oder uns zur Erkenntnis der letzten Ursachen zu führen – trotz aller Exaktheit ihrer Gedankengänge, derentwegen sie mit Recht so gepriesen wird. Jeder Teil der angewandten Mathematik (mixed mathematics) beruht auf der Voraussetzung, daß die Naturvorgänge durch gewisse Gesetze festgelegt sind; abstraktes Denken wird nur herangezogen, um entweder die Erfahrung in der Entdekkung dieser Gesetze zu unterstützen oder deren Einfluß in besonderen Fällen, in denen es auf eine genaue Entfernung oder Größe ankommt, zu bestimmen. So ist es ein durch Erfahrung entdecktes Gesetz der Bewegung, daß das Moment oder die Kraft eines sich bewegenden Körpers genau proportional ist seiner Masse und Geschwindigkeit, und daraus folgt, daß eine geringe Kraft das größte Hindernis beseitigen oder das größte Gewicht heben kann, wenn wir mittels einer Erfindung oder Maschine die Geschwindigkeit dieser Kraft derart beschleunigen können, daß sie die Überhand über ihren Widerstand gewinnt. Die Geometrie hilft uns bei der Anwendung dieses Gesetzes, indem sie uns die richtigen Dimensionen aller Teile und Formen gibt, die zu irgendeiner Maschine verwendet werden können. Die Entdeckung des Gesetzes selbst jedoch verdanken wir ausschließlich der Erfahrung, und alle abstrakten Gedankengänge der Welt könnten uns nie einen einzigen Schritt seiner Erkenntnis näherbringen. Denken wir *a priori* und betrachten wir nur einen Gegenstand oder eine Ursache, wie sie dem Geiste erscheinen, unabhängig von aller Beobachtung, so könnten sie uns niemals den Begriff eines von ihnen verschiedenen Gegenstandes – wie es ihre Wirkung ist – nahebringen, noch viel weniger, uns die untrennbare und unabdingliche Verknüpfung zwischen ihnen zeigen. Es müßte jemand sehr scharfsichtig sein, wenn er nur mittels des Denkens entdecken könnte, daß Kristall Wirkung der Hitze und Eis Wirkung der Kälte sei, ohne vorher die Wirkungsweise dieser Qualitäten gekannt zu haben.

Zweiter Teil

Wir haben aber bis jetzt noch keine befriedigende Antwort auf die zuerst gestellte Frage erhalten. Aus jeder Lösung entsteht eine neue, ebenso schwierige Frage wie die frühere und führt uns zu weiteren Untersuchungen. Wenn man fragt: *Von welcher Art sind alle unsere Gedankengänge, die sich mit Tatsachen befassen?*, dann scheint die richtige Antwort zu sein, daß sie auf der Beziehung von Ursache und Wirkung beruhen. Fragt man wiederum: *Welches ist die Grundlage all unserer Gedankengänge und Schlußfolgerungen, die sich mit dieser Beziehung befassen?*, so kann man mit einem Wort antworten: Erfahrung (EXPERIENCE). Wenn wir in unserem Wissensdrang noch weiter gehen und fragen: *Welches ist die Grundlage aller Schlüsse aus der Erfahrung?*, so ist darin eine neue Frage enthalten, deren Lösung und Erklärung schwieriger sein dürfte. Philosophen, die sich selbst den Anschein überlegener Weisheit und Fähigkeit geben, haben einen schweren Stand, wenn sie fragedurstigen Leuten begegnen, die sie aus jeder Ecke, in die sie sich zurückziehen, vertreiben und sicher sind, sie letztlich in ein gefährliches Dilemma zu bringen. Das beste Mittel, diese Verlegenheit zu vermeiden, ist, in unseren Ansprüchen bescheiden zu sein und die Schwierigkeit selbst zu entdecken, ehe sie uns vorgehalten wird. Dadurch können wir unsere große Unwissenheit zu einer Art Verdienst machen.

Ich werde mich in diesem Abschnitt mit einer leichten Aufgabe begnügen und nur beanspruchen, eine negative Antwort auf die hier gestellte Frage zu geben. So sage ich denn, daß, selbst nachdem wir das Verhalten von Ursache und Wirkung erfahren haben, unsere Schlüsse aus dieser Erfahrung *nicht* im Denken oder in einer anderen Verstandestätigkeit gründen. Diese Antwort müssen wir zu erklären und zu verteidigen versuchen.

Man muß gewiß zugeben, daß uns die Natur in großer Ferne von allen ihren Geheimnissen gehalten und uns nur die Kenntnis einiger weniger oberflächlicher Eigenschaften der Dinge gestattet hat, während sie jene Kräfte und Prinzipien, von denen die Wirksamkeit dieser Dinge ganz und gar abhängt, vor uns verbirgt. Unsere Sinne informieren uns über Farbe, Gewicht und Konsistenz des Brotes; aber weder Sinne noch Vernunft können uns je über jene Eigenschaften informieren, die es zur Ernährung und Erhaltung des menschlichen Körpers geeignet machen. Gesichts- und

Tastsinn vermitteln eine Vorstellung der tatsächlichen Bewegung von Körpern; was aber jene wunderbare Kraft oder Macht betrifft, die einen bewegten Körper in dauerndem Ortswechsel hält und welche die Körper nur durch Weitergabe an andere einbüßen – so können wir uns davon nicht im entferntesten einen Begriff bilden. Doch ungeachtet dieser Unkenntnis der Naturkräfte und Prinzipien, setzen wir, wenn wir gleiche Sinnesqualitäten wahrnehmen, voraus, daß sie gleiche verborgene Kräfte haben, und wir erwarten aus ihnen Wirkungen, die den von uns erfahrenen gleichartig sind. Wird uns ein Körper von gleicher Farbe und Konsistenz wie das Brot, das wir früher gegessen haben, vorgelegt, so haben wir keine Bedenken, dieses Experiment zu wiederholen, und erwarten mit Gewißheit gleiche Ernährung und Stärkung. Das ist ein Vorgang im Geiste oder Denken, für den ich gerne die Begründung wissen möchte. Es wird allenthalben zugegeben, daß es keine bekannte Beziehung zwischen den Sinnesqualitäten und den verborgenen Kräften gibt und daß der Geist folglich nicht durch irgend etwas, das er über ihr Wesen weiß, zu einem solchen Schluß über ihre beständige und regelmäßige Verbindung geführt werden kann. Hinsichtlich der früheren *Erfahrung* kann eingeräumt werden, daß sie *unmittelbare* und *zuverlässige* Informationen nur über solche bestimmten Objekte und jene bestimmte Zeitspanne geben kann, von denen sie Kenntnis hatte. Weshalb diese Erfahrung jedoch auf die Zukunft und auf andere Objekte ausgedehnt werden sollte, die, soweit uns bekannt ist, nur dem Anschein nach gleichartig sein mögen: das ist die Hauptfrage, die ich hervorheben möchte. Das Brot, das ich früher aß, ernährte mich, d. h., ein Körper mit solchen Sinnesqualitäten war damals mit solchen geheimen Kräften ausgestattet. Folgt daraus aber, daß mich anderes Brot zu anderer Zeit

[30]

ebenfalls nähren muß und daß gleiche Sinnesqualitäten allemal von gleichen verborgenen Kräften begleitet sein müssen? Diese Schlußfolgerung scheint in keiner Weise notwendig. Immerhin muß man anerkennen, daß hier eine Schlußfolgerung des Geistes vorliegt, daß ein bestimmter Schritt unternommen ist, ein Denkprozeß, eine Folgerung, der erklärt werden muß. Die folgenden beiden Sätze sind weit davon entfernt, dasselbe zu besagen: *Ich habe festgestellt, daß ein solcher Gegenstand stets von einer solchen Wirkung begleitet war*, und, *Ich sehe voraus, daß andere Gegenstände, die dem Aussehen nach gleichartig sind, von gleichartigen Wirkungen begleitet sein werden.* Ich werde bereitwillig zugeben, daß der eine Satz aus dem anderen einwandfrei abgeleitet werden kann, ja ich weiß in der Tat, daß er stets so abgeleitet wird. Behauptet man aber, daß diese Ableitung durch eine Kette von Denkakten erfolge, so wünsche ich, daß man mir diese Denkakte vorführt. Die Beziehung zwischen diesen Sätzen ist nicht anschaulicher Art. Es bedarf eines Mittelgliedes, das den Geist in die Lage versetzt, eine solche Ableitung auszuführen, wenn sie tatsächlich durch Denkakte und logische Beweisführung ausgeführt sein sollte. Was dieses Mittelglied ist, übersteigt – wie ich gestehen muß – meine Einsicht, und es obliegt jenen, es nachzuweisen, die behaupten, es sei wirklich vorhanden und der Ursprung aller unserer Schlußfolgerungen über Tatsachen.

Diese negative Begründung muß sicherlich im Laufe der Zeit überzeugen, wenn viele scharfsinnige und begabte Philosophen ihre Untersuchungen in diese Richtung lenken werden und niemand je imstande wäre, irgendeinen vermittelnden Satz oder Schritt zu entdecken, der den Verstand bei dieser Schlußfolgerung unterstützt. Da aber diese Frage noch neu ist, wird vielleicht nicht jeder Leser seinem eigenen Scharfsinn so weit vertrauen, um den Schluß zu ziehen, daß es eine Begründung, weil sie sich seiner Nachprüfung entziehe, auch nicht wirklich gebe. Aus diesem Grunde scheint es erforderlich, uns an eine noch schwierigere Aufgabe zu wagen und den Versuch zu machen, durch Aufzählung aller Zweige menschlichen Wissens zu zeigen, daß keiner von ihnen eine solche Begründung liefern kann.

Alle Urteile lassen sich in zwei Arten einteilen, nämlich in beweisende bzw. solche, die Vorstellungsrelationen betreffen, und in moralisch* gewisse bzw. solche, die Tatsache und Existenz betreffen. Offenbar liegen in unserem Falle keine Beweisgründe vor, denn es liegt kein Widerspruch darin, daß sich der Lauf der Natur ändern und daß ein Gegenstand augenscheinlich, ähnlich den von uns erfahrenen, andere oder gegensätzliche Wirkungen im Gefolge haben kann. Kann ich mir nicht klar und deutlich vorstellen, daß ein Körper, der aus den Wolken herabfällt und in jeder anderen Hinsicht dem Schnee gleicht, dennoch den Geschmack des Salzes hat oder wie Feuer empfunden wird? Gibt es einen verständlicheren Satz als die Behauptung, daß alle Bäume im Dezember und Januar blühen und im Mai und Juni welken werden? Was aber verständlich ist und klar und deutlich vorgestellt werden kann, enthält keinen Widerspruch und kann niemals durch einen Beweisgrund oder abstrakten Gedankengang *a priori* als falsch erwiesen werden.

Wenn wir also, durch Beweisgründe veranlaßt, vergangener Erfahrung Vertrauen schenken und sie zum Maßstab unserer künftigen Urteile machen, so können diese Beweisgründe nur wahrscheinliche sein oder – der obenerwähnten Einteilung entsprechend – Tatsachen und wirkliche Existenz betreffen. Wird jedoch

* Zusatz in Ausgaben E [1748] und F [1751]: moral or probable.

unsere Erklärung dieser Art des Schließens als zuverlässig und befriedigend anerkannt, muß einleuchten, daß es einen derartigen Beweisgrund nicht gibt. Wir haben gesagt, daß alle die Existenz betreffenden Beweise auf der Relation von Ursache und Wirkung beruhen; daß unsere Kenntnis dieser Relation ausschließlich aus der Erfahrung stammt und alle unsere Erfahrungsschlüsse von der Voraussetzung ausgehen, daß die Zukunft der Vergangenheit entsprechen werde. Wer daher den Beweis dieser letzten Voraussetzung durch Wahrscheinlichkeitsargumente oder solche, die die Existenz betreffen, versucht, muß sich offenbar im Kreise drehen und das für erwiesen halten, was ja gerade in Frage steht.

In Wirklichkeit stützen sich alle Erfahrungsbeweise auf die Ähnlichkeit, die wir zwischen Naturobjekten feststellen und durch die wir verleitet werden, Wirkungen ähnlich denen zu erwarten, die wir schon als Folgen solcher Objekte angetroffen haben[4]. Und wenn auch nur ein Narr oder Wahnsinniger jemals die Autorität der Erfahrung bestreiten oder jene große Führerin durch das menschliche Leben ablehnen wird, wird doch wenigstens ein Philosoph soviel Wissensdrang haben dürfen, das Prinzip in der Menschennatur zu untersuchen, das der Erfahrung diese mächtige Autorität zugesteht und uns aus der Ähnlichkeit, die von Natur her zwischen verschiedenen Dingen besteht, Vorteil ziehen läßt. Von *ähnlich* erscheinenden Ursachen erwarten wir ähnliche Wirkungen. Das ist die Summe aller unserer Erfahrungsschlüsse. Es scheint aber einleuchtend, daß dieser Schluß, entspränge er der Vernunft, sofort und beim ersten Falle gleichermaßen fehlerfrei sein würde, wie nach einer noch so langen Reihe von Erfahrungen. Die Sache verhält sich jedoch ganz anders. Nichts gleicht sich so sehr wie Eier; aber niemand erwartet wegen dieser augenscheinlichen

Ähnlichkeit von allen Eiern denselben Geschmack und Reiz. Nur nach einer langen Reihe in jeder Hinsicht gleichförmiger Erfahrungen erlangen wir feste Zuverlässigkeit und Sicherheit hinsichtlich eines bestimmten Ereignisses. Wo aber ist das Vernunftverfahren, das aus einem einzigen Falle einen ganz anderen Schluß zieht als aus hundert Fällen, die in keiner Weise von jenem einen verschieden sind? Diese Frage stelle ich ebensosehr der Belehrung wegen als in der Absicht, Schwierigkeiten hervorzuheben. Ich kann ein solches Vernunftverfahren nicht finden und mir auch nicht vorstellen. Aber ich halte meinen Geist immer noch für eine Belehrung offen, wenn sie mir jemand gütigst erteilen möchte.

Würde man sagen, daß wir aus einer Anzahl gleichförmiger Erfahrungen auf eine Verknüpfung zwischen den Sinnesqualitäten und den geheimen Kräften *schließen*, muß ich gestehen, daß mir dies die gleiche Schwierigkeit, nur mit anderen Worten, zu sein scheint. Stets kehrt die Frage wieder: Auf welchen Beweisgang gründet sich dieser *Schluß*? Wo ist das Mittelglied, sind die vermittelnden Vorstellungen, die so weit voneinander entfernte Sätze verbinden? Man gibt zu, daß Farbe, Konsistenz und andere Sinnesqualitäten des Brotes offensichtlich selbst keinerlei Verknüpfung mit den geheimen Kräften der Ernährung und Erhaltung haben; sonst könnten wir nämlich diese geheimen Kräfte ohne Hilfe der Erfahrung aus dem erstmaligen Auftreten dieser Sinnesqualitäten herleiten. Das aber widerspricht der Ansicht aller Philosophen und dem klaren Sachverhalt. Hier zeigt sich also unser natürlicher Zustand der Unwissenheit im Hinblick auf die Kräfte und Wirkungen aller Dinge. Wie hilft dem die Erfahrung ab? Sie zeigt uns nur eine Anzahl gleichförmiger Wirkungen gewisser Dinge und lehrt uns, daß diese Einzeldinge zu dieser bestimmten Zeit solche Kräfte und Vermögen besaßen. Tritt nun ein neues Ding, mit ähnlichen Sinnesqualitäten, auf, erwarten wir ähnliche Kräfte und Vermögen und warten auf eine gleiche Wirkung. Von einem Körper mit der gleichen Farbe und Konsistenz wie Brot erwarten wir gleiche Ernährung und Erhaltung. Das ist aber sicherlich ein Schritt oder Fortschritt des Geistes, der nach Erklärung verlangt. Wenn jemand sagt: *Ich habe in allen früheren Fällen solche Sinnesqualitäten mit solchen geheimen Kräften verbunden gefunden;* und wenn er sagt: *Ähnliche Sinnesqualitäten werden stets mit ähnlichen geheimen Kräften verbunden sein,* macht er sich keiner Tautologie schuldig, und die Sätze sind auch in keiner Hinsicht dieselben. Man sagt, der eine Satz sei eine Folgerung aus dem anderen. Aber man wird zugeben müssen, daß diese Folgerung weder intuitiv noch demonstrativ ist. Welcher Art ist sie dann aber? Zu sagen, sie stamme aus der Erfahrung, läßt die Frage offen; denn alle Folgerungen aus der Erfahrung setzen als ihre Grundlage voraus, daß die Zukunft der Vergangenheit ähnlich sei und daß ähnliche Kräfte mit ähnlichen Sinnesqualitäten verbunden sein werden. Gäbe es irgendeine Vermutung, daß der Lauf der Natur sich ändern und die Vergangenheit keine Regel für die Zukunft geben könnte, dann würde alle Erfahrung nutzlos und könnte keine Herleitung oder Schlußfolgerung veranlassen. Es ist daher unmöglich, daß irgendwelche Erfahrungsbeweise diese Ähnlichkeit der Vergangenheit mit der Zukunft erweisen können, da alle diese Argumente auf der Annahme dieser Ähnlichkeit gründen. Mag der Gang der Dinge bislang auch noch so regelmäßig gewesen sein, so kann das allein – ohne ein neues Argument oder eine neue Folgerung – nicht beweisen, daß es auch in Zukunft so bleiben werde. Vergeblich behauptet man, die Natur der Körper aus früherer Erfahrung erfaßt zu haben. Ihre verborgene Natur und folglich ihre gesamten Wirkungen und ihr Einfluß können sich ohne eine Veränderung ihrer Sinnesqualitäten ändern. Das kommt bisweilen bei einigen Dingen vor.

Warum sollte es nicht allemal und mit allen Dingen geschehen? Welche Logik, welches Beweisverfahren sichert uns gegen diese Annahme? Mein Handeln, so sagt man, widerlegt meine Zweifel. Aber dann mißversteht man den Sinn meiner Frage. Als Handelnder bin ich in diesem Punkte völlig zufrieden; als Philosoph jedoch, der einigen Wissensdrang, um nicht zu sagen einige Skepsis, sein eigen nennt, möchte ich gerne den Grund dieser Ableitung herausfinden. Keine Lektüre und keine Untersuchung haben es bisher vermocht, meine Schwierigkeit zu beheben bzw. mir Befriedigung in einer so wichtigen Angelegenheit zu bringen. Kann ich Besseres tun, als die Schwierigkeit der Öffentlichkeit zu unterbreiten – wenn ich vielleicht auch geringe Hoffnung auf eine Lösung habe? Wir werden auf diese Weise wenigstens unserer Unwissenheit gewahr, wenn wir schon unser Wissen nicht vermehren.

Ich muß gestehen, daß sich jemand, der schließt, daß ein Argument deshalb nicht wirklich existiert, weil es seiner eigenen Forschung entgangen ist, unverzeihlicher Anmaßung schuldig macht. Ich muß ebenfalls gestehen, daß, wenn sich auch alle Gelehrten lange Zeit mit der fruchtlosen Suche nach einem Gegenstand befaßt haben, es vielleicht dennoch voreilig wäre, daraus mit Sicherheit zu schließen, daß dieser Gegenstand deshalb alles menschliche Verständnis übersteigen müsse. Selbst wenn wir alle Quellen unseres Wissens prüfen und zu dem Schluß kommen, daß sie für einen solchen Gegenstand ungeeignet sind, kann dennoch der Verdacht bleiben, daß die Aufzählung nicht vollständig oder die Untersuchung nicht sorgfältig ist. Was jedoch den vorliegenden Gegenstand betrifft, gibt es einige Erwägungen, die diesen ganzen Vorwurf der Anmaßung oder den Verdacht des Irrtums zu beheben scheinen.

Es steht fest, daß die unwissendsten und dümmsten

Bauern – ja selbst Kinder und sogar unvernünftige Tiere – sich durch Erfahrung vervollkommnen und die Eigenschaften der Dinge der Natur kennenlernen, indem sie die aus ihnen entstehenden Wirkungen beobachten. Wenn ein Kind die Wahrnehmung des Schmerzes durch Berühren einer Kerzenflamme gemacht hat, wird es darauf bedacht sein, seine Hand nicht in die Nähe einer Kerze zu bringen; es wird vielmehr eine ähnliche Wirkung von einer Ursache mit ähnlichen Sinnesqualitäten und ähnlichem Aussehen erwarten. Behauptet man daher, der Verstand des Kindes würde zu dieser Folgerung durch ein Argument oder einen Vernunftschluß geführt, darf ich mit Recht die Vorführung dieses Beweises verlangen, und man hat auch keinen Vorwand, mir ein so billiges Verlangen zu verweigern. Man kann nicht sagen, der Beweis sei schwer verständlich und entziehe sich möglicherweise der Untersuchung, da man zugibt, daß er für das Aufnahmevermögen eines Kindes offensichtlich geeignet ist. Zögert man daher nur einen Moment, oder bringt man, nach einigem Nachdenken, eine verwickelte oder tiefgründige Beweisführung, so gibt man gewissermaßen die Frage auf und gesteht ein, daß uns nicht die Vernunft zur Annahme der Ähnlichkeit von Vergangenheit und Zukunft veranlaßt und zur Erwartung gleichartiger Wirkungen aus – dem Anschein nach – gleichartigen Ursachen. Das ist der Satz, den ich in diesem Abschnitt nachdrücklich zur Geltung bringen wollte. Habe ich recht, so behaupte ich nicht, damit eine großartige Entdeckung gemacht zu haben; und wenn ich unrecht habe, muß ich mich tatsächlich für einen sehr zurückgebliebenen Schüler halten, da ich jetzt ein Argument nicht entdecken kann, das mir – so scheint es – vollkommen vertraut war, lang bevor ich die Wiege verließ[5].

FÜNFTER ABSCHNITT

Skeptische Lösung dieser Zweifel

Erster Teil

Der Hang zur Philosophie scheint, ähnlich dem zur Religion, dieser unangenehmen Lage ausgesetzt, daß er – obwohl er auf die Verbesserung unserer Sitten und die Ausmerzung unserer Laster abzielt – bei unvorsichtiger Handhabung nur dazu führen kann, eine vorherrschende Neigung zu pflegen, und daß er den Geist mit größerem Nachdruck in jene Richtung drängt, die bereits durch den starken Hang des natürlichen Temperaments zuviel *Anziehung ausübt.* Sicherlich können wir – während wir nach der edelmütigen Seelenstärke des philosophischen Weisen streben und uns bemühen, uns ausschließlich auf die geistigen Freuden zu beschränken – letztlich unsere Philosophie, ähnlich der des Epiktet und anderer Stoiker, zu einem verfeinerten System des Egoismus machen und uns zugleich aus aller Tugend und aus allen geselligen Genüssen herausvernünfteln. Indem wir aufmerksam die Nichtigkeit des menschlichen Lebens untersuchen und alle unsere Gedanken auf die eitle und vergängliche Natur von Reichtümern und Ehren richten, schmeicheln wir dabei vielleicht nur unserer natürlichen Trägheit, die – voll Abscheu gegen den Lärm der Welt und die geschäftige Plackerei – einen vernünftigen Vorwand sucht, sich selbst ganz und gar die Zügel schießen zu lassen. Allerdings gibt es eine Art der Philosophie, die dieser unangenehmen Lage nur in geringem Maße ausgesetzt ist, und zwar, weil sie ohne verwirrende Leidenschaft des menschlichen Geistes auftritt und sich mit keinem natürlichen Affekt oder Hang einläßt; das ist die akademische (ACADEMIC) oder skeptische (SCEPTICAL) Philosophie. Die Akademiker reden immerzu vom Zweifel und der Zurückhaltung im Urteil, von der Gefahr vorschneller Bestimmungen, von der Beschränkung der Verstandesuntersuchungen auf enge Grenzen und dem Verzicht auf alle Spekulationen, die nicht innerhalb des Bereiches des alltäglichen Lebens und Handelns liegen. Nichts kann daher der sorglosen Trägheit des Geistes, seiner unbedachten Anmaßung, seinen hochtrabenden Ansprüchen und seiner abergläubischen Leichtgläubigkeit entgegengesetzter sein als eine solche Philosophie. Sie unterdrückt jede Leidenschaft außer der Liebe zur Wahrheit, und diese Leidenschaft kann niemals einen zu hohen Grad erreichen. Es ist deshalb verwunderlich, daß diese fast immer harmlose und unschuldige Philosophie der Gegenstand so vieler grundloser Vorwürfe und Verleumdungen sein sollte. Aber vielleicht ist gerade der Umstand, der sie so unschuldig macht, dasjenige, was sie hauptsächlich dem öffentlichen Haß und Groll aussetzt. Da sie keiner hemmungslosen Leidenschaft schmeichelt, gewinnt sie wenige Anhänger; da sie so viele Laster und Torheiten bekämpft, schafft sie sich eine Menge Feinde, die sie als zügellos, ruch- und gottlos brandmarken.

Es ist auch nicht zu befürchten, daß diese Philosophie, indem sie unsere Forschungen auf das alltägliche Leben zu beschränken versucht, jemals die Denkweise des alltäglichen Lebens untergraben und ihre Zweifel bis zur Zerstörung alles Handelns und spekulativen Denkens treiben könnte. Die Natur wird immer ihre Rechte zu wahren wissen und schließlich über jedes abstrakte Denken den Sieg davontragen. Obwohl wir z. B. – wie im vorigen Abschnitt – zu dem Schluß kommen müssen, daß in allen auf Erfahrung beruhenden Gedankengängen der Geist einen Schritt tut, der durch keinen Beweis oder Verstandesvorgang gestützt wird, besteht keine Gefahr, daß diese Gedankengänge, von denen beinahe jedes Wissen abhängt, jemals durch eine solche Entdeckung beeinflußt werden könnten. Wird der Geist nicht durch ein Argument zu diesem Schritt veranlaßt, so muß er durch ein anderes Prinzip von ähnlichem Gewicht und Ansehen dazu gebracht werden; und dieses Prinzip wird seinen Einfluß behalten, solange die Menschennatur sich gleichbleibt. Was das für ein Prinzip ist, mag wohl die Mühen einer Untersuchung wert sein.

Angenommen, ein Mensch mit ausgeprägtesten Denk- und Reflexionsvermögen würde plötzlich in diese Welt gestellt, so würde er freilich sofort eine kontinuierliche Folge von Gegenständen und Ereignissen bemerken, aber er wäre außerstande, irgend etwas anderes festzustellen. Er würde zunächst nicht in der Lage sein, durch irgendeine Verstandestätigkeit zu der Vorstellung von Ursache und Wirkung zu gelangen, da die spezifischen Kräfte, wodurch alle Naturvorgänge ins Werk gesetzt werden, nie den Sinnen erscheinen. Es ist auch unvernünftig, aus der bloßen Tatsache, daß in einem Falle ein Ereignis einem anderen vorhergeht, zu schließen, das eine sei Ursache, das andere Wirkung. Ihre Verbindung kann willkürlich und zufällig sein. Es braucht keinen Grund zu geben, die Existenz des einen aus der Erscheinung des anderen herzuleiten. Kurz gesagt, ein solcher Mensch könnte ohne weitere Erfahrung nie Vermutungen oder Gedanken in bezug auf Tatsachen anstellen oder irgendeiner Sache gewiß sein, die über das seinem Gedächtnis und seinen Sinnen unmittelbar Gegenwärtige hinausliegt.

Nehmen wir weiter an, er hätte mehr Erfahrung gewonnen und so lange in der Welt gelebt, um beobachtet zu haben, daß ihm geläufige Gegenstände oder Ereignisse konstant miteinander verbunden sind. Was ist die Folge dieser Erfahrung? Er leitet unmittelbar die Existenz des einen Gegenstandes aus der Erscheinung des anderen ab. Er hat jedoch – trotz seiner ganzen Erfahrung – keine Vorstellung oder Kenntnis der geheimen Kraft erlangt, durch die der eine Gegenstand den anderen hervorbringt, noch wird er durch irgendeinen Denkvorgang zu einer solchen Folgerung verpflichtet; und dennoch sieht er sich veranlaßt, so zu folgern. Wenn er auch davon überzeugt wäre, daß sein Verstand an dieser Operation unbeteiligt ist, würde er dennoch in denselben Bahnen weiterdenken. Es gibt ein anderes Prinzip, das ihn zu einer solchen Schlußfolgerung bestimmt.

Dieses Prinzip ist Gewohnheit (CUSTOM) oder herkömmliche Lebenspraxis (HABIT). Wo immer die Wiederholung einer bestimmten Handlung oder eines Vorganges das Verlangen hervorruft, dieselbe Handlung oder denselben Vorgang zu erneuern, ohne dazu durch einen Denkakt oder Verstandesvorgang gedrängt zu sein, sagen wir stets, dieses Verlangen sei die Wirkung der *Gewohnheit*. Doch behaupten wir nicht, mit der Anwendung dieses Wortes den letzten Grund solchen Verlangens genannt zu haben. Wir weisen damit lediglich auf ein Prinzip der Menschennatur hin, das allgemein anerkannt wird und in seinen Auswirkungen wohlbekannt ist. Vielleicht können wir unsere Untersuchungen nicht weitertreiben oder uns anmaßen, die Ursache dieser Ursache anzugeben, sondern müssen uns mit ihm als dem obersten von uns bestimmbaren Prinzip aller unserer Erfahrungsschlüsse begnügen. Es stellt uns hinreichend zufrieden, daß wir so weit gehen können, ohne uns über die enge Begrenzung unserer Fähigkeiten, weil sie uns nicht weiterführen, zu beklagen. Sicherlich nähern wir uns hier einem sehr einleuchtenden, wenn nicht wahren Satz, indem wir feststellen, daß wir gemäß einem konstanten Zusammenhang zweier Gegenstände – z. B. Hitze und Feuer, Gewicht und Masse – einzig durch Gewohnheit bestimmt werden, das eine beim Auftreten des anderen zu erwarten. Das scheint die einzige Hypothese zur Erklärung der Schwierigkeit zu sein, weshalb wir aus tausend Fällen etwas ableiten, das wir aus einem einzigen Falle, der sich doch in keiner Weise von ihnen unterscheidet, nicht ableiten können. Die Vernunft ist eines solchen Unterschiedes nicht fähig. Die Schlüsse, die sie aus der Betrachtung eines Kreises zieht, sind die gleichen, die sie auf Grund einer Prüfung aller Kreise der Welt ziehen würde. Aber niemand, der nur einen Körper gesehen hat, wie er sich nach dem Stoß durch einen anderen bewegt, könnte schließen, daß sich jeder andere Körper, nach ähnlichem Stoß, bewegen wird. Alle Erfahrungsschlüsse sind somit Folgen der Gewohnheit, nicht der Vernunft*.

* Nichts ist für jemanden, sogar wenn er über *moralische, politische* oder *physische* Dinge schreibt, üblicher, als zwischen *Vernunft* und *Erfahrung* zu unterscheiden und vorauszusetzen, daß diese Arten der Argumentation völlig voneinander verschieden sind. Die erstere wird für das bloße Resultat unserer intellektuellen Fähigkeiten gehalten, die durch apriorische Betrachtung der Natur der Dinge und Untersuchung der aus ihrem Verhalten folgenden Wirkungen besondere Prinzipien für Wissenschaft und Philosophie aufstellt. Von der letzteren nimmt man an, sie stamme ausschließlich aus den Sinnen und der Beobachtung, durch welche wir das lernen, was tatsächlich aus dem Verhalten einzelner Gegenstände resultierte und wodurch wir somit fähig sind, das abzuleiten, was sich in Zukunft aus ihnen ergeben wird. So können z. B. die Begrenzungen und Beschränkungen der Regierung und eine legale Verfassung entweder aus *Vernunft*, die eingedenk der großen Schwachheit und Verderbtheit der Menschennatur lehrt, daß man niemandem unbegrenzte Machtvollkommenheit anvertrauen kann, oder aus *Erfahrung* und Geschichte verteidigt werden, die uns von dem enormen Mißbrauch berichten, den der Ehrgeiz – wie sich gezeigt hat – jederzeit und überall mit so unvorsichtigem Vertrauen getrieben hat.

So ist Gewohnheit die große Führerin im Menschenleben. Dieses Prinzip ist es allein, das unsere Erfahrung für uns nützlich macht und uns für die Zukunft

Dieselbe Unterscheidung zwischen Vernunft und Erfahrung wird in all unseren Überlegungen über die Lebensführung (conduct of life) beibehalten, indem man dem erfahrenen Staatsmann, General, Arzt oder Kaufmann vertraut und folgt und den unerfahrenen Anfänger – mit welchen Naturtalenten er auch begabt sein mag – nichtachtet und geringschätzt. Obwohl anerkannt ist, daß die Vernunft sehr plausible Ansichten bezüglich der Folgen solchen besonderen Verhaltens in solchen besonderen Umständen bilden kann, wird sie doch für unvollkommen gehalten ohne die Hilfe der Erfahrung, die allein imstande ist, den aus Forschung und Reflexion stammenden Grundsätzen Beständigkeit und Gewißheit zu geben.

Aber ungeachtet dessen, daß diese Unterscheidung sowohl auf dem aktiven wie spekulativen Schauplatz des Lebens allgemein angenommen sein mag, werde ich nicht zögern zu betonen, daß sie im Grunde irreführend, zumindest oberflächlich ist.

Wenn wir jene Argumente untersuchen, von denen man in jeder der obenerwähnten Wissenschaften annimmt, sie seien bloße Folgen des Urteilens und der Reflexion, werden sie sich schließlich als durch ein allgemeines Prinzip oder einen Schluß begrenzt herausstellen, für den wir keinen Grund außer Beobachtung und Erfahrung nennen können. Der einzige Unterschied zwischen ihnen und jenen Grundsätzen, die man gewöhnlich für das Ergebnis reiner Erfahrung hält, ist, daß die ersteren nicht ohne einen Denkprozeß und ohne Reflexion auf das Beobachtete aufgestellt werden können, um ihre einzelnen Bestandteile festzustellen und ihre Konsequenzen zu verfolgen; hingegen ist bei den letzteren das erfahrene Ereignis genau und in vollem Maße dem gleich, welches wir als Resultat einer besonderen Situation ableiten. Die Geschichte eines Tiberius oder Nero läßt uns eine ähnliche Tyrannei befürchten, wenn unsere Herrscher von den Beschränkungen durch Gesetze und gesetzgebende Einrichtungen befreit würden; aber die Beobachtungen irgendeines Betrugs oder einer Grausamkeit im bürgerlichen Leben genügt, uns mit Hilfe von etwas Nachdenken die gleiche Befürchtung nahezubringen, da sie als Beispiel der allgemeinen Verderbtheit der Menschennatur dient und uns die Gefahr zeigt, der wir uns aussetzen, indem wir absolutes Vertrauen in Menschen setzen. In beiden Fällen ist es Erfahrung, die letztlich die Grundlage unseres Folgerns und Schließens ist.

Niemand ist zu jung und unerfahren, als daß er sich nicht aus der Beobachtung viele allgemeine und richtige Grundsätze über einen ähnlichen Geschehensablauf erwarten läßt wie jene, die sich in der Vergangenheit gezeigt haben. Ohne den Einfluß der Gewohnheit würden wir absolut nichts von jeder Tatsache wissen, die jenseits dessen liegt, was Gedächtnis und Sinnen unmittelbar gegeben ist. Wir würden niemals Mittel den Zwecken anzupassen wissen oder es verstehen, unsere naturgegebenen Kräfte zur Erzeugung irgendeiner Wirkung zu gebrauchen. Alles Handeln sowie der größte Teil der Forschung wären mit einmal zu Ende.

Aber hier ist die Bemerkung angebracht, daß – wenn uns auch unsere Erfahrungsschlüsse über Gedächtnis und Sinne hinausführen und uns Gewißheit von Tatsachen geben, die sich an den entlegensten Orten und in entferntesten Zeiten ereigneten – dennoch irgendeine Tatsache immer den Sinnen oder dem Gedächtnis gegeben sein muß, von der wir bei solchen Schlußfolgerungen zunächst ausgehen können. Jemand, der in einem wüsten Land die Überreste prächtiger Bauwerke fände, würde daraus schließen, daß dieses Land in alter Zeit durch gebildete Bewohner kultiviert worden

menschliche Angelegenheiten und Lebensweise gebildet hätte. Aber man muß zugeben, daß, wenn jemand das in die Praxis umsetzen will, er dem Irrtum außerordentlich unterliegt, bis Zeit und weitere Erfahrung gemeinsam diese Grundsätze erweitern und ihn deren zweckmäßigen Gebrauch und Anwendung lehren. In jeder Situation, in jedem Ereignis gibt es viele besondere und anscheinend unbedeutende Umstände, die selbst der begabteste Mensch zunächst leicht übersieht, obwohl von ihnen die Richtigkeit seiner Schlüsse und folglich die Besonnenheit seines Verhaltens gänzlich abhängen. Ganz zu schweigen davon, daß einem jungen Anfänger die allgemeinen Beobachtungen und Grundsätze nicht immer zur rechten Gelegenheit einfallen und auch nicht sofort mit erforderlicher Gelassenheit und Klarheit angewendet werden können. Die Wahrheit ist, daß ein unerfahrener Denker überhaupt kein Denker sein könnte, wenn er absolut unerfahren wäre; und wenn wir diese Eigenschaft jemandem beilegen, meinen wir das nur in vergleichsweisem Sinne und nehmen an, daß er Erfahrung in geringerem und unvollkommenerem Grade besitzt.

sei. Würde er auf nichts Derartiges stoßen, könnte er niemals zu einem solchen Schluß kommen. Wir lernen die Ereignisse vergangener Zeiten aus der Geschichte; aber zunächst müssen wir die Bände lesen, die diese Belehrung enthalten, und von da mit unseren Folgerungen von einem Zeugnis zum anderen fortschreiten, bis wir zu den Augenzeugen und Beobachtern dieser fernen Ereignisse gelangen. Kurz, wenn wir nicht von einer dem Gedächtnis oder den Sinnen gegenwärtigen Tatsache ausgehen, würde unser Denken rein hypothetisch bleiben; und wie auch immer die einzelnen Glieder miteinander verknüpft sein mögen, die ganze Schlußkette würde durch nichts gestützt sein, noch könnten wir je durch sie zur Erkenntnis eines wirklich Existierenden gelangen. Frage ich, weshalb du von einer bestimmten Tatsache, die du berichtest, überzeugt bist, so mußt du mir einen Grund nennen, und dieser Grund wird irgendeine andere, mit jener in Beziehung stehende Tatsache sein. Da du jedoch nicht in dieser Art *in infinitum* fortfahren kannst, mußt du schließlich bei einer Tatsache haltmachen, die deinem Gedächtnis oder deinen Sinnen gegenwärtig ist – oder du mußt zugeben, daß diese Überzeugung gänzlich unbegründet ist.

Was ist nun aus alledem die Schlußfolgerung? Eine ganz simple, obgleich – wie man zugeben muß – eine von den herkömmlichen philosophischen Theorien recht weit entfernte. Aller Glaube an Tatsachen oder wirkliche Existenz stammt lediglich von einem dem Gedächtnis oder den Sinnen gegenwärtigen Gegenstand und einer gewohnheitsmäßigen Verbindung zwischen diesem und irgendeinem anderen Gegenstand; oder, mit anderen Worten: Nachdem man gefunden hat, daß in vielen Fällen zwei Arten von Gegenständen – Feuer und Hitze, Schnee und Kälte – immer in Zusammenhang standen, wird der Geist, wenn Feuer oder Schnee sich erneut den Sinnen darbieten, aus Gewohnheit dazu gebracht, Hitze oder Kälte zu erwarten und zu *glauben,* daß es eine derartige Qualität gibt und sie sich nun bei eingehenderer Beschäftigung entdecken wird. Dieser Glaube ist das notwendige Resultat, wenn man den Geist in eine solche Lage bringt. Es ist ein seelischer Vorgang (operation of the soul), der in dieser Lage ebenso unvermeidlich ist wie das Gefühl der Liebe, wenn wir Wohltaten empfangen, oder des Hasses, wenn uns Unrecht widerfährt. Alle diese Vorgänge sind eine Art natürlicher Instinkte, die keine Vernunfttätigkeit, d. h. kein Denk- oder Verstandesprozeß jemals hervorzubringen oder zu verhindern vermag.

An diesem Punkte dürften wir uns wohl erlauben, unsere philosophischen Untersuchungen zu beenden. In den meisten Fragen können wir niemals einen einzigen Schritt weiter tun, und in allen Fragen müssen wir schließlich, nach unseren unermüdlichsten und gründlichsten Untersuchungen, hier einhalten. Indes wird unser Wissensdurst entschuldbar, vielleicht sogar lobenswert sein, wenn er uns in unserer Forschung noch weiter treibt und uns das Wesen dieses *Glaubens (belief)* und der *gewohnheitsmäßigen Verbindung (customary conjunction),* aus der er stammt, noch sorgfältiger untersuchen läßt. Dadurch können wir auf einige Erklärungen und Analogien stoßen, die Befriedigung bringen werden – wenigstens denjenigen, welche die abstrakte Wissenschaft lieben und sich am spekulativen Denken erfreuen, das – bei aller Genauigkeit – dennoch einen Grad des Zweifels und der Ungewißheit behalten mag. Was aber Leser mit einem anderen Geschmack betrifft, so ist der übrige Teil dieses Abschnittes nicht für sie gedacht, und die späteren Untersuchungen lassen sich durchaus verstehen, auch wenn man ihn unbeachtet läßt.

Zweiter Teil

Nichts ist so frei wie die Einbildungskraft (imagination) des Menschen, und wenn sie auch den ursprünglichen Bestand von Vorstellungen, welche die inneren und äußeren Sinne liefern, nicht überschreiten kann, hat sie doch unbegrenzte Macht, diese Vorstellungen in all den verschiedenen Arten des Eingebildeten und Erschauten zu mischen, zu verbinden, zu trennen und zu teilen. Sie kann eine ganze Folge von Ereignissen erdichten, mit allem Anschein der Wirklichkeit, kann ihnen eine bestimmte Zeit und einen bestimmten Ort zuschreiben, sie als wirklich verstehen und sie sich mit allen Begleitumständen ausmalen, die zu einer historischen Tatsache gehören, an die sie mit der größten Gewißheit glaubt. Worin besteht denn nun der Unterschied zwischen einer solchen Fiktion und dem Glauben? Er liegt nicht bloß in irgendeiner besonderen Vorstellung, die mit einem Gedanken verknüpft ist, der unsere Zustimmung verlangt und jeder uns bekannten Fiktion fehlt; denn da der Geist Macht über alle seine Vorstellungen hat, könnte er nach Belieben jeder Fiktion diese besondere Vorstellung beifügen und folglich fähig sein, zu glauben, was immer ihm beliebt – im Gegensatz zu dem, was die tägliche Erfahrung lehrt. Wir können in unserer Vorstellung den Kopf eines Menschen mit einem Pferdeleib verbinden, aber es liegt nicht in unserer Macht, zu glauben, daß ein solches Lebewesen jemals wirklich existiert hat.

Hieraus ergibt sich somit, daß der Unterschied zwischen *Fiktion* und *Glaube* in einer Empfindung oder in einem Gefühl liegt, das nur mit dem letzteren, nicht mit dem ersteren verbunden ist, das weder vom Willen abhängt noch beliebig hervorgerufen werden kann. Es muß durch die Natur erweckt werden, gleich allen anderen Empfindungen, und aus der besonderen Situation entstehen, in der sich der Geist zu einer bestimmten Zeit befindet. Wo immer ein Gegenstand dem Gedächtnis oder den Sinnen gegeben wird, führt die Einbildungskraft durch die Macht der Gewohnheit dazu, sich denjenigen Gegenstand vorzustellen, der gewöhnlich mit ihm zusammenhängt; und diese Vorstellung wird von einem Gefühl oder von einer Empfindung begleitet, das von anderer Art ist als die ungebundenen Träumereien der Phantasie (reveries of the fancy). Hierin besteht das ganze Wesen des Glaubens[6]. Denn da es keine Tatsache gibt, die wir so fest glauben, daß wir uns nicht das Gegenteil denken können, gäbe es keinen Unterschied zwischen der Vorstellung, der man zustimmt, und der, die man ablehnt, wenn nicht eine Empfindung die eine von der anderen unterscheiden würde. Wenn ich sehe, wie sich eine Billardkugel auf ebenem Tisch auf eine andere zu bewegt, kann ich mir leicht vorstellen, daß sie bei Berührung liegenbleibt. Diese Vorstellung enthält keinen Widerspruch, aber man empfindet dabei ganz anders als bei der Vorstellung, wodurch ich mir selbst den Stoß und die Mitteilung der Bewegung von Kugel zu Kugel vergegenwärtige.

Wollten wir eine *Definition* dieser Empfindung versuchen, würden wir vielleicht feststellen, daß das eine sehr schwierige, wenn nicht unmögliche Aufgabe ist, genauso, wie wenn wir versuchen wollten, die Kälteempfindung oder die Leidenschaft des Zorns einem Geschöpf zu beschreiben, das niemals irgendeine Erfahrung dieser Empfindungen hatte. Glaube (BELIEF) ist der richtige und geeignete Name für dieses Gefühl, und niemand ist je in Verlegenheit hinsichtlich der Bedeutung dieses Ausdruckes, weil sich jeder jederzeit der dadurch bezeichneten Empfindung bewußt ist. Es mag jedoch nicht unangebracht sein, eine *Beschreibung* dieser Empfindung zu versuchen, in der Hoffnung, dadurch zu einigen Analogien zu gelangen, die eine vollkommenere Erklärung ermöglichen. So sage ich also: Der Glaube ist nichts weiter als die Vorstellung eines Gegenstandes, die lebhafter, lebendiger, stärker, fester und beständiger ist, als was die Einbildungskraft allein erreichen kann. Diese vielleicht so unphilosophisch scheinende Vielfalt von Bezeichnungen beabsichtigt nur, den Geistesakt auszudrücken, der uns Realitäten – oder was dafür gehalten wird – gegenwärtiger macht als Fiktionen, ihnen mehr Gewicht im Denken und einen überlegenen Einfluß auf die Leidenschaften und die Einbildungskraft verleiht. Vorausgesetzt, daß wir in der Sache übereinstimmen, ist es unnötig, über die Ausdrücke zu streiten. Die Einbildungskraft gebietet über alle ihre Vorstellungen und kann sie auf alle mögliche Weise verbinden, vermischen, verändern. Sie kann fiktive Gegenstände mit allen Begleitumständen des Raumes und der Zeit vorstellen. Sie kann sie uns gewissermaßen vor Augen stellen, in ihren wahren Farben, genauso, wie sie existiert haben könnten. Aber wie es unmöglich ist, daß dieses Vermögen der Einbildung jemals aus sich selbst dem Glauben gleichkommen kann, ist es einleuchtend, daß der Glaube nicht in der besonderen Natur oder Ordnung der Vorstellungen besteht, sondern in der *Art* ihres bewußten Erfassens und *Erlebens*. Ich gestehe, daß es nicht möglich ist, dieses Erleben oder diese Art des Begreifens völlig zu erklären. Wir können Wörter verwenden, die etwas Annäherndes ausdrücken. Aber der wahre und geeignete Name dafür ist, wie wir vorhin schon bemerkten, *Glaube*, eine Bezeichnung, die jeder im alltäglichen Leben hinlänglich versteht. Und in der Philosophie können wir nicht weiter gehen, als festzustellen, daß *Glaube* ein geistiges Erlebnis ist (belief is something felt by the mind), das die Vorstellungen der Urteilskraft von den Fiktionen der Einbildungskraft unterscheidet. Er verleiht ihnen mehr Gewicht und Einfluß, läßt sie bedeutsamer erscheinen, prägt sie dem Geiste ein und macht sie zum beherrschenden Prinzip unserer Handlungen. Ich höre z. B. jetzt die Stimme eines Bekannten, und der Klang kommt aus dem Nebenzimmer. Dieser Sinneseindruck lenkt augenblicklich mein Denken auf diese Person mit allen sie umgebenden Gegenständen. Ich male sie mir als gegenwärtig anwesend aus, mit denselben Eigenschaften und Verhältnissen, wie ich sie früher bei ihr kannte. Diese Vorstellungen nehmen meinen Geist stärker in Besitz als die Vorstellungen eines Zauberschlosses; sie werden ganz anders erlebt und haben in jeder Weise einen viel größeren Einfluß, Lust oder Schmerz, Freude oder Kummer zu bereiten.

Ziehen wir den ganzen Umfang dieser Lehre in Betracht und räumen ein, daß das Gefühl des Glaubens nur eine intensivere und beständigere Vorstellung als die ist, welche die bloßen Fiktionen der Einbildungskraft begleiten, und daß diese *Art* der Vorstellung aus einer gewohnheitsmäßigen Verbindung des Gegenstandes mit etwas der Erinnerung oder den Sinnen Gegenwärtigem entspringt: so wird es, wie ich glaube, unter diesen Voraussetzungen nicht schwer sein, andere, analoge Geistestätigkeiten zu finden und diese Erscheinungen auf noch allgemeinere Prinzipien zurückzuführen.

Wir haben schon bemerkt, daß die Natur Verknüpfungen zwischen bestimmten Vorstellungen geschaffen hat und daß die eine Vorstellung, sobald sie in unserem Denken auftaucht, auch sogleich die ihr zugehörige einführt und unsere Aufmerksamkeit durch eine sanfte und unmerkliche Bewegung auf sie lenkt. Wir haben diese Prinzipien der Verknüpfung oder Assoziation auf drei zurückgeführt, nämlich *Ähnlichkeit*, *raumzeitliche Berührung* und *Verursachung*; diese sind die einzigen Bande, die unsere Gedanken verbinden und jenen regelmäßigen Ablauf des Denkens oder Redens erzeugen, der – mehr oder weniger – sich überall bei den Menschen ereignet. Hier jedoch erhebt sich die Frage, von der die Lösung der gegenwärtigen Schwierigkeit abhängen wird. Ist es bei allen diesen Beziehungen so, daß, wenn einer der Gegenstände den Sinnen oder dem Gedächtnis gegeben wird, der Geist nicht nur zu der Vorstellung des zugehörigen Gegenstandes geführt wird, sondern auch eine beständigere und stärkere Vorstellung von ihm hat, als er sie sonst hätte erlangen können? Das scheint bei jenem Glauben der Fall, der aus der Beziehung von Ursache und Wirkung entsteht. Wenn Gleiches bei den anderen Beziehungen oder Prinzipien der Assoziation der Fall wäre, so kann das als allgemeines Gesetz aufgestellt werden, das für alle Geistestätigkeit zutrifft.

Wir können also für unseren gegenwärtigen Zweck folgende erste, auf Erfahrung gegründete Beobachtung machen: daß bei Erscheinen des Bildes eines abwesenden Freundes unsere Vorstellung von ihm durch die *Ähnlichkeit* augenscheinlich belebt wird und daß jedes Gefühl, das jene Vorstellung veranlaßt, ob Freud oder Leid, dadurch neue Kraft und Frische erhält. Zur Erzeugung dieser Wirkung trägt sowohl eine Beziehung als auch ein gegenwärtiger Eindruck bei. Wäre das Bild ihm gar nicht ähnlich, oder wenigstens wäre es nicht auf ihn bezogen, würde es nie unsere Gedanken auf ihn lenken; wo es aber, wie die Person selbst, abwesend ist, würde der Geist – obgleich er vom Gedanken des einen zu dem des anderen fortschreiten kann – durch diesen Übergang seine Vorstellung eher abgeschwächt als belebt fühlen. Wir empfinden Freude beim Anblick des Bildes eines Freundes, wenn es uns vorgelegt wird; wird es aber entfernt, ziehen wir es vor, ihn lieber direkt zu betrachten als in der Wiedergabe eines Bildes, das ebenso fern und unklar ist.

Die Zeremonien der römisch-katholischen Religion können als Beispiele der gleichen Art aufgefaßt werden. Die Verehrer dieses Aberglaubens führen gewöhnlich als Entschuldigung für den Mummenschanz, der ihnen vorgeworfen wird, an, daß sie die gute Wirkung solcher äußerlichen Bewegungen, Posen und Handlungen in der Beseelung ihrer Andacht und der Steigerung ihrer Inbrunst empfinden, die nachlassen würden, wenn sie ausschließlich auf fernliegende und immaterielle Gegenstände gerichtet wären. Wir stellen die Gegenstände unseres Glaubens, so sagen sie, in anschaulichen Zeichen und Bildern dar und bringen sie uns durch die unmittelbare Gegenwart dieser Zeichen näher, als es uns durch bloße geistige Schau und Kontemplation möglich wäre. Sinnesobjekte haben stets einen größeren Einfluß auf die Einbildung als andere, und diesen Einfluß übertragen sie leicht auf solche Vorstellungen, auf die sie bezogen und denen sie ähnlich sind. Ich will nur aus diesen Praktiken und dieser Begründung schließen, daß die Wirkung der Ähnlichkeit auf die Verlebendigung von Vorstellungen recht alltäglich ist, und da in jedem Falle eine Ähnlichkeit und ein gegenwärtiger Eindruck zusammentreffen müssen, sind wir zur Genüge mit Erfahrungstatsachen versorgt, um die Richtigkeit des obenerwähnten Prinzips zu beweisen.

Wir können diesen Erfahrungstatsachen durch solche anderer Art größeres Gewicht geben, indem wir die Wirkungen der *Berührung* ebenso in Betracht ziehen wie die der *Ähnlichkeit.* Sicherlich verringert die Entfernung die Stärke jeder Vorstellung, und wenn wir uns einem Gegenstand nähern, übt er – obwohl er sich unseren Sinnen nicht selbst darbietet – einen solchen Einfluß auf unseren Geist aus, daß er einem unmittelbaren Eindruck gleicht. Der Gedanke an einen Gegenstand bringt den Geist leicht zu dem, was diesen umgibt – aber nur die wirkliche Gegenwart eines Gegenstandes führt dazu mit größerer Lebendigkeit. Wenn ich einige Meilen von Hause entfernt bin, berührt mich alles, was sich darauf bezieht, stärker, als wenn ich 600 Meilen entfernt bin – obwohl selbst bei dieser Entfernung die Besinnung auf etwas in der Nähe meiner Freunde oder Familie natürlich eine Vorstellung von ihnen hervorruft. Wiewohl aber in diesem letzteren Falle beide Gegenstände des Geistes Vorstellungen sind, ist der Übergang zwischen ihnen zwar leicht; er allein kann aber keiner der Vorstellungen größere Lebendigkeit verleihen, da es an einem unmittelbaren Eindruck fehlt*.

Niemand kann bezweifeln, daß die Ursächlichkeit den gleichen Einfluß hat wie die beiden anderen Relationen, der Ähnlichkeit und Berührung. Abergläubische Leute lieben die Reliquien von Heiligen oder frommen Männern, aus dem gleichen Grunde, aus dem sie Zeichen oder Bilder begehren: um nämlich ihre Andacht zu beleben und eine vertrautere und stärkere Vorstellung jener beispielhaften Leben zu gewinnen, die sie nachahmen möchten. Es ist aber klar, daß eine der besten Reliquien, die sich ein Andächtiger beschaf-

* ‚Naturane nobis, inquit, datum dicam, an errore quodam, ut, cum ea loca videamus, in quibus memoria dignos viros acceperimus multum esse versatos, magis moveamur, quam siquando eorum ipsorum aut facta audiamus aut scriptum aliquod legamus? Velut ego nunc moveor. Venit enim mihi Platonis in mentem, quem accepimus primum hic disputare solitum: Cujus etiam illi hortuli propinqui non memoriam solum mihi afferunt, sed ipsum videntur in conspectu meo hic ponere. Hic Speusippus, hic Xenocrates, hic ejus auditor Polemo; cujus ipsa illa sessio fuit, quam videamus. Equidem etiam curiam nostram Hostiliam dico, non hanc novam, quae mihi minor esse videtur postquam est major, solebam intuens, Scipionem, Catonem, Laelium, nostrum vero in primis avum cogitare. Tanta vis admonitionis est in locis; ut non sine causa ex his memoriae deducta sit disciplina.‘ Cicero de Finibus, Lib. V, 2[7].

fen könnte, das wäre, was ein Heiliger eigenhändig hergestellt hat; und wenn seine Kleider und Geräte auch in diesem Lichte betrachtet werden, so geschieht es, weil sie ihm einst gehörten und von ihm getragen und benutzt wurden. In dieser Hinsicht müssen sie als unvollkommenere Wirkungen betrachtet werden und als mit ihm durch eine kürzere Kette von Wirkungen verknüpft als jede andere wäre, die uns von der Realität seines Daseins unterrichtet.

Angenommen, der Sohn eines schon seit langem toten oder abwesenden Freundes würde uns vorgestellt, so würde offensichtlich dieser Gegenstand sofort die zugehörige Vorstellung wieder aufleben lassen und uns alle vergangenen engen Beziehungen und Vertraulichkeiten ins Gedächtnis zurückrufen, in lebhafteren Farben, als sie uns sonst erschienen wären. Das ist ein anderes Phänomen, welches das obenerwähnte Prinzip zu beweisen scheint.

Wir können feststellen, daß bei diesen Phänomenen der Glaube an den zugehörigen Gegenstand stets vorausgesetzt wird; ohne diesen würde die Beziehung wirkungslos sein. Die Einflußnahme des Bildes setzt voraus, daß wir *glauben*, unser Freund habe einst existiert. Wenn wir nicht an ihre wirkliche Existenz *glauben*, kann die Nähe der Heimat niemals in uns Heimatvorstellungen erwecken. Ich behaupte nun, daß dieser Glaube da, wo er über Gedächtnis oder Sinne hinausreicht, von gleicher Natur ist und aus ähnlichen Gründen entsteht wie der hier erklärte Denkprozeß und die Lebendigkeit der Vorstellung. Werfe ich ein Stück trockenes Holz ins Feuer, wird mein Geist unverzüglich zu der Vorstellung gebracht, daß es die Flamme vergrößert, und nicht, daß es sie auslöscht. Dieser Übergang des Gedankens von der Ursache zur Wirkung stammt nicht aus dem Verstande. Er nimmt seinen Ursprung ganz und gar aus Gewohnheit und Erfahrung; und da er mit einem den Sinnen gegenwärtigen Gegenstand beginnt, macht er die Vorstellung oder den Begriff der Flamme stärker und lebendiger als irgendeine lose, verschwommene Träumerei der Einbildungskraft. Diese Vorstellung stellt sich unmittelbar ein; das Denken bewegt sich sofort darauf zu und verleiht ihr alle jene Kraft des Gedankens, die dem sinnfälligen Eindruck entspringt. Wenn ein Schwert gegen meine Brust gezückt wird, berührt mich dann die Vorstellung von Wunde und Schmerz nicht stärker, als wenn man mir ein Glas Wein reichte – selbst wenn sich zufällig diese Vorstellung nach Auftreten des letzteren Gegenstandes einstellen sollte? Was aber ist denn in alledem, was eine solche starke Vorstellung verursachen könnte, als ein gegenwärtiger Gegenstand und ein gewohnheitsmäßiger Übergang zur Vorstellung eines anderen Gegenstandes, den wir mit dem früheren in Verbindung zu bringen pflegten? Das ist der ganze geistige Vorgang bei allen unseren Tatsachen und Existenz betreffenden Schlüssen, und es bereitet Genugtuung, einige Analogien zu finden, die ihn erläutern können. Der Übergang von einem uns gegebenen Gegenstand gibt in allen Fällen der damit verwandten Vorstellung Stärke und Festigkeit.

Hier gibt es also eine Art prästabilierter Harmonie zwischen dem Naturablauf und der Abfolge unserer Vorstellungen, und wenngleich die Mächte und Kräfte, von denen ersterer regiert wird, uns gänzlich unbekannt sind, so haben doch unsere Gedanken und Vorstellungen, wie wir sehen, dieselbe Bahn genommen wie die anderen Werke der Natur. Gewohnheit ist das Prinzip, das diese Übereinstimmung bewirkt hat; sie, die so notwendig ist zur Erhaltung unserer Art und der Regelung unseres Verhaltens, in allen Lagen und Ereignissen des menschlichen Lebens. Würde nicht die Gegebenheit eines Gegenstandes sogleich die Vorstellung solcher gewöhnlich mit ihm verbundenen Gegenstände erwecken, so wäre unser ganzes Wissen auf den engen Bereich unseres Gedächtnisses und der Sinne beschränkt, und wir wären nie in der Lage gewesen, Mittel den Zwecken anzupassen oder unsere naturgegebenen Kräfte entweder zur Hervorbringung des Guten oder zur Vermeidung des Bösen einzusetzen. Diejenigen, die an der Entdeckung und Betrachtung von *Zweckursachen* Vergnügen finden, haben hier ein weites Feld zum Staunen und zur Bewunderung.

Zur weiteren Bestätigung der obigen Theorie füge ich hinzu, daß, da dieses Verfahren des Geistes, wodurch wir gleiche Wirkungen aus gleichen Ursachen und *umgekehrt* herleiten, so wesentlich zur Erhaltung aller menschlichen Geschöpfe ist, es nicht einleuchtend ist, es den trügerischen Deduktionen unseres langsam arbeitenden Verstandes anzuvertrauen; dieser macht sich in früher Kindheit gar nicht bemerkbar und ist im Grunde während jedes Alters und jeder Periode des menschlichen Lebens Irrtum und Fehlerhaftigkeit in hohem Maße ausgesetzt. Es entspricht mehr der gewöhnlichen Weisheit der Natur, eines so notwendigen Geistesakt durch einen Instinkt oder eine mechanische Tendenz sicherzustellen, die in ihrer Wirkung untrüglich sein, sich als erste Äußerung des Lebens und Denkens zeigen und unabhängig von allen mühsam erarbeiteten Deduktionen des Verstandes sein können. Wie uns die Natur den Gebrauch unserer Glieder gelehrt hat, ohne uns von den Muskeln und Nerven, wodurch sie bewegt werden, Kenntnis zu geben, so hat sie uns einen Instinkt eingepflanzt, der unser Denken in eine Richtung führt, die dem Ablauf der zwischen den Außendingen waltenden Verhältnisse entspricht; doch kennen wir die Mächte und Kräfte nicht, von denen dieser regelmäßige Gang und Verlauf der Dinge im ganzen abhängt.

SECHSTER ABSCHNITT

Über Wahrscheinlichkeit*

Wenn es auch in der Welt so etwas wie *Zufall* nicht gibt, so hat unsere Unkenntnis der wahren Ursache eines Ereignisses doch den nämlichen Einfluß auf den Verstand und erzeugt eine ähnliche Art von Glauben oder Meinung.

Gewiß gibt es eine Wahrscheinlichkeit, die aus dem Überwiegen bestimmter Aussichten in bestimmten Fällen hervorgeht, und in dem Maße, wie dieses Überwiegen zunimmt und die entgegengesetzten Möglichkeiten übertrifft, nimmt auch die Wahrscheinlichkeit zu und erzeugt einen noch höheren Grad des Glaubens bzw. der Zustimmung für die Seite, auf der wir das Übergewicht feststellen. Wäre ein Würfel mit einer Figur oder einer Anzahl Punkten auf vier Seiten gezeichnet und auf den beiden übrigen Seiten mit einer anderen Figur oder Anzahl von Punkten, wäre es wahrscheinlicher, daß die erstere statt der letzteren obenauf zu liegen käme; wären jedoch tausend Seiten in gleicher Weise markiert und nur eine Seite anders, wäre die Wahrscheinlichkeit viel größer und unser Glaube oder die Erwartung des Ereignisses fester und sicherer. Die-

* Herr Locke teilt alle Schlüsse in demonstrative und wahrscheinliche ein. Danach müssen wir sagen, es sei nur wahrscheinlich, daß alle Menschen sterben müssen oder daß die Sonne morgen aufgehen wird. Um aber unsere Sprache mehr dem üblichen Gebrauch anzupassen, sollten wir alle Schlüsse in Demonstrationen, Beweise und Wahrscheinlichkeitsaussagen einteilen. Unter Beweisen seien dabei solche Erfahrungsschlüsse verstanden, die keinen Zweifel oder Widerspruch dulden.

ser Denk- oder Verstandesprozeß mag trivial und offensichtlich sein; denen jedoch, die ihn näher betrachten, kann er vielleicht Stoff zu einer seltsamen Beobachtung liefern.

Offenbar betrachtet der Geist, wenn er vorausschauend das Resultat zu entdecken versucht, das sich beim Werfen eines solchen Würfels ergibt, das Obenaufliegen jeder einzelnen Seite als gleichermaßen wahrscheinlich; und das ist eben das Wesen des Zufalls, daß er alle einzelnen Ereignisse, die in ihm beschlossen sind, völlig gleichstellt. Wenn wir aber finden, daß eine größere Anzahl von Seiten in einem Falle häufiger als in einem anderen eintritt, so richtet sich der Geist häufiger auf dieses Ereignis und trifft es öfter an, wenn er die verschiedenen Möglichkeiten oder Glücksfälle erwägt, von denen das Resultat abhängt. Dieses Zusammentreffen verschiedener Aussichten bei einem bestimmten Ereignis erzeugt unmittelbar, durch eine unerklärliche Einrichtung der Natur, das Gefühl des Glaubens und verleiht diesem Ereignis das Übergewicht über das ihm entgegengesetzte, das durch eine geringere Anzahl von Aussichten unterstützt wird und dem Geiste weniger häufig begegnet. Räumen wir ein, daß der Glaube nur ein festeres und stärkeres Vorstellungsbild eines Gegenstandes ist als das, was die bloßen Fiktionen der Einbildungskraft begleitet, dann wird dieses Verhalten in gewissem Maße erklärlich. Das Zusammentreffen dieser verschiedenen Gesichtspunkte oder Momente prägt die Vorstellung der Einbildungskraft stärker ein, gibt ihr vorzügliche Kraft und Stärke, macht ihren Einfluß auf die Gefühle und Gemütsbewegungen spürbarer und erzeugt – kurz gesagt – jene Zuverlässigkeit oder Sicherheit, die das Wesen des Glaubens und Meinens ausmacht.

Mit der Wahrscheinlichkeit der Ursachen verhält es sich ebenso wie mit der des Zufalls. Es gibt Ursachen, die sich in der Hervorbringung einer bestimmten Wirkung völlig gleichförmig und beständig verhalten, und es konnte bislang kein Fall des Versagens oder der Unregelmäßigkeit ihrer Wirksamkeit entdeckt werden. Feuer hat jeden Menschen jederzeit verbrannt, Wasser ihn erstickt. Das Entstehen der Bewegung durch Stoß und Schwerkraft ist ein universales Gesetz, das bisher ausnahmslos gültig war. Es gibt jedoch andere Ursachen, die sich als unregelmäßiger und ungewisser erwiesen haben. Nicht auf jeden, der diese Mittel nahm, hat Rhabarber stets abführend oder Opium einschläfernd gewirkt. Freilich, wenn irgendeine Ursache nicht die übliche Wirkung hervorbringt, so schreiben das die Philosophen nicht einer Unregelmäßigkeit in der Natur zu, sondern sie nehmen an, daß irgendwelche verborgenen Ursachen in der besonderen Struktur der Teile die Wirksamkeit verhindert haben. Unser Denken und Schließen über dieses Ereignis ist jedoch das gleiche, wie wenn dieses Prinzip nicht gälte. Da wir nämlich durch Gewohnheit bestimmt werden, in all unserem Schließen die Vergangenheit auf die Zukunft zu übertragen, erwarten wir überall da, wo sich die Vergangenheit völlig regel- und gleichmäßig verhalten hat, den Erfolg mit größter Sicherheit und räumen eine entgegengesetzte Annahme nicht ein. Wo sich aber gezeigt hat, daß unterschiedliche Wirkungen aus *anscheinend* genau gleichen Ursachen folgen, müssen alle diese verschiedenen Wirkungen dem Geist gegenwärtig sein, wenn er Vergangenes auf Zukünftiges überträgt, und in Betracht gezogen werden, wenn wir die Wahrscheinlichkeit des Erfolges bestimmen. Obwohl wir dem am häufigsten Eingetretenen den Vorzug geben und glauben, dieser Erfolg werde eintreten, dürfen wir die anderen Wirkungen nicht unbeachtet lassen, sondern müssen einer jeden von diesen, nach Maßgabe ihres häufigeren oder selteneren Vorkommens, ein bestimmtes

Gewicht und Ansehen zuerkennen. Es ist für beinahe jedes europäische Land wahrscheinlicher, daß es irgendwann im Januar Frost geben, als daß das Wetter während des ganzen Monats mild bleiben wird, wenn auch diese Wahrscheinlichkeit – entsprechend den verschiedenen klimatischen Verhältnissen – sich ändert und sich in den nördlicheren Reichen der Gewißheit nähert. Hier scheint es somit offenkundig, daß wir bei Übertragung der Vergangenheit auf die Zukunft – zum Zwecke der Bestimmung der Wirkung, die sich aus einer Ursache ergibt – alle verschiedenen Fälle übertragen, und zwar nach der Häufigkeit ihres Eintreffens in der Vergangenheit, und uns z. B. vorstellen, der eine sei hundertmal, ein anderer zehnmal und wieder ein anderer nur einmal eingetroffen. Da hier eine große Anzahl von möglichen Aussichten auf ein Ereignis zutrifft, stärken und festigen sie es in der Vorstellung, bringen jenes Gefühl hervor, das wir *Glauben* nennen, und geben ihrem Gegenstand den Vorzug vor dem entgegengesetzten Ereignis, das nicht durch eine gleiche Anzahl von Erfahrungen gestützt wird und nicht so häufig dem Denken bei Übertragung der Vergangenheit auf die Zukunft begegnet. Man versuche einmal, diese Verhaltensweise des Geistes nach irgendeinem der überlieferten philosophischen Systeme zu erklären, so wird man der Schwierigkeit gewahr werden. Ich meinerseits halte es für ausreichend, wenn diese Hinweise den Wissensdurst der Philosophen wecken und sie einsehen lassen, wie unzulänglich alle bisher üblichen Theorien zur Behandlung solcher sonderbaren und sublimen Fragen sind.

SIEBENTER ABSCHNITT

Über den Begriff der notwendigen Verknüpfung

Erster Teil

Der große Vorzug der mathematischen Wissenschaften gegenüber den Geisteswissenschaften besteht darin, daß ihre Vorstellungen – weil anschaulich – stets klar und bestimmt sind, daß der kleinste Unterschied zwischen ihnen sofort zu bemerken ist und dieselben Termini immer dieselben Vorstellungen meinen, ohne Vieldeutigkeit oder Abweichung. Ein Oval wird nie mit einem Kreis, eine Hyperbel nie mit einer Ellipse verwechselt. Gleichschenkliges und ungleichschenkliges Dreieck sind schärfer gegeneinander abgegrenzt als Laster und Tugend, Recht und Unrecht. Wird in der Geometrie ein Ausdruck definiert, so setzt der Geist bereitwillig von selbst in jedem Falle die Definition für den definierten Ausdruck ein; und selbst da, wo keine Definition getroffen wird, kann der Gegenstand selbst den Sinnen gegeben und auf diese Weise fest und klar erfaßt werden. Die feineren Regungen des Geistes jedoch, die Operationen des Verstandes, die verschiedenen Gemütsbewegungen, entgehen uns, obwohl sie tatsächlich an sich verschieden sind, leicht, wenn wir darauf reflektieren, und es steht nicht in unserer Macht, den ursprünglichen Gegenstand so oft zurückzurufen, wie wir Gelegenheit haben, ihn zu betrachten. So wird allmählich Vieldeutigkeit in unsere Gedankengänge gebracht: Ähnliche Gegenstände werden leicht für dieselben gehalten, und die Schlußfolgerung weicht schließlich weit ab von den Voraussetzungen.

Man kann jedoch getrost behaupten, daß sich bei Betrachtung dieser Wissenschaften im rechten Lichte ihre Vor- und Nachteile beinahe gegeneinander aufheben, und kann beide einander gleichstellen. Wenn auch der Geist die Vorstellungen der Geometrie mit größerer Leichtigkeit klar und bestimmt aufnimmt, so muß er doch eine längere und verwickeltere Kette von Denkakten durchführen und viel weiter entfernte Vorstellungen miteinander vergleichen, um zu den schwerverständlichen Wahrheiten jener Wissenschaft zu gelangen. Und wenn die Vorstellungen der Geisteswissenschaft ohne äußerste Sorgfalt Gefahr laufen, in Dunkelheit und Verworrenheit zu verfallen, so sind die Ableitungen in diesen Untersuchungen stets viel kürzer und es sind der zum Schlußsatz führenden Zwischenstufen viel weniger als in den Wissenschaften, die es mit Größe und Zahl zu tun haben. Tatsächlich gibt es bei Euklid kaum einen noch so einfachen Satz, der nicht aus mehr Teilen besteht, als sie sich in jedem Gedankengang der Geisteswissenschaft, der nicht in Hirngespinsten und Torheit besteht, finden. Wo wir die Prinzipien des menschlichen Geistes einige Schritte weit verfolgen, dürfen wir wohl mit unserem Fortschritt zufrieden sein, wenn wir bedenken, wie bald die Natur allen unseren Untersuchungen der Ursachen die Schranke setzt und uns zum Eingeständnis unserer Unwissenheit bringt. Das Haupthindernis des Fortschritts in den Geisteswissenschaften oder der Metaphysik ist demnach die Dunkelheit der Vorstellungen und die Vieldeutigkeit der Termini. Die Hauptschwierigkeit der Mathematik ist die Länge der Ableitungen und der Umkreis der Gedanken, die zu jeder Schlußfolgerung nötig sind; und in der Naturwissenschaft wird unser Fortschritt vielleicht hauptsächlich durch das Fehlen geeigneter Erfahrungen und Phänomene verzögert, die oft zufällig und nicht immer dann, wenn man sie braucht, entdeckt werden, nicht einmal bei sorgfältigster und behutsamster Forschung. Da die Geisteswissenschaft bislang anscheinend geringere Fortschritte als Geometrie und Physik erzielt hat, dürfen wir schließen, daß, wenn es in dieser Hinsicht einen Unterschied zwischen diesen Wissenschaften gibt, die Schwierigkeiten, die den Fortschritt der ersteren verhindern, zu ihrer Überwindung höherer Sorgfalt und Fähigkeit bedürfen.

In der Metaphysik gibt es keine dunkleren und ungewisseren Vorstellungen als die der *Macht, Kraft, Energie* oder der *notwendigen Verknüpfung,* mit denen wir uns doch notwendig in jedem Augenblick unserer Erörterung befassen müssen. Wir werden deshalb in diesem Abschnitt versuchen, wenn möglich die genaue Bedeutung dieser Bezeichnungen zu fixieren und dadurch einen Teil jener Undurchsichtigkeit zu beseitigen trachten, über die man sich in diesem Bereiche der Philosophie so sehr beklagt.

Es scheint der Satz kaum bestritten zu werden, daß alle unsere Vorstellungen nur Abbilder unserer Eindrücke sind oder, mit anderen Worten, daß es uns unmöglich ist, an etwas zu *denken,* das wir nicht früher – sei es durch äußere oder innere Sinne – *empfunden* haben. Ich habe mich bemüht*, diesen Satz zu erklären und zu beweisen und meiner Hoffnung Ausdruck zu geben, daß – bei seiner korrekten Anwendung – die Menschen größere Klarheit und Genauigkeit in ihren philosophischen Gedankengängen erlangen können als bisher. Zusammengesetzte Vorstellungen können vielleicht durch Definition, die ja nur eine Aufzählung jener Teile oder einfachen Vorstellungen ist, aus denen

* II. Abschnitt, Über den Ursprung der Vorstellungen.

diese bestehen, gut erkannt werden. Wenn wir jedoch mit dem Definieren bis zu den einfachsten Vorstellungen vorgedrungen sind und noch immer Vieldeutigkeit und Unklarheit entdecken – welches Hilfsmittel haben wir dann noch? Durch welche Erfindung können wir diese Vorstellungen erhellen und sie dem Auge des Geistes ganz genau und bestimmt darstellen? Man weise die Eindrücke oder ursprünglichen Empfindungen auf, denen diese Vorstellungen nachgebildet sind. Diese Eindrücke sind alle stark und sinnfällig; sie erlauben keine Vieldeutigkeit. Sie stehen nicht nur selbst in vollem Lichte, sondern können auch Licht auf die ihnen entsprechenden, im Dunkel liegenden Vorstellungen werfen. Auf solche Weise läßt sich vielleicht ein neues Mikroskop oder eine Art optisches Instrument gewinnen, mittels dessen in den Geisteswissenschaften die feinsten und einfachsten Vorstellungen derart vergrößert werden, daß sie leicht von uns erfaßt und uns gleichermaßen bekannt werden wie die größten und anschaulichsten Vorstellungen, die Gegenstand unserer Untersuchung werden können.

Um mit dem Begriff der Kraft oder des notwendigen Zusammenhanges gänzlich vertraut zu werden, wollen wir den ihm zugehörigen Eindruck untersuchen; um diesen mit größerer Sicherheit zu finden, wollen wir alle Quellen untersuchen, denen er möglicherweise entspringen kann.

Blicken wir auf die uns umgebenden Außendinge und betrachten wir die Wirksamkeit der Ursachen, so sind wir in keinem einzigen Falle in der Lage, irgendeine Kraft oder einen notwendigen Zusammenhang zu entdecken, irgendeine Eigenschaft, welche die Wirkung an die Ursache bindet und die eine zur unausbleiblichen Konsequenz der anderen macht. Wir finden nur, daß die eine in Wirklichkeit tatsächlich auf die andere folgt. Den Stoß einer Billardkugel begleitet eine

Bewegung der zweiten. Das ist alles, was den *äußeren* Sinnen erscheint. Der Geist erlebt keine Empfindung, keinen *inneren* Eindruck von dieser Folge der Gegenstände: Demzufolge gibt es in keinem einzelnen, bestimmten Falle von Ursache und Wirkung etwas, das auf die Vorstellung der Kraft oder des notwendigen Zusammenhanges hinwiese.

Beim ersten Anblick eines Gegenstandes läßt sich niemals vermuten, welche Wirkung er haben wird. Wäre hingegen der Geist imstande, die Kraft oder Energie einer Ursache zu entdecken, könnten wir die Wirkung sogar ohne Erfahrung voraussehen und sofort, mittels bloßen Denkens und Schließens, mit Sicherheit aussagen.

In Wirklichkeit gibt es nichts Materielles, das jemals durch seine Sinnesqualitäten eine Kraft oder Energie enthüllt oder uns Grund zu der Annahme gibt, daß es einen anderen Gegenstand, den wir seine Wirkung nennen könnten, hervorbringen oder zur Folge haben könnte. Festigkeit, Ausdehnung, Bewegung – diese Eigenschaften sind alle in sich vollständig und weisen nie auf ein anderes Ereignis hin, das aus ihnen entstehen könnte. Die Szenerie des Universums wechselt andauernd, und ein Gegenstand folgt einem anderen in ununterbrochener Reihe. Aber die Macht oder Kraft, die den ganzen Mechanismus bewegt, ist uns gänzlich verborgen und offenbart sich niemals in irgendeiner der sinnfälligen Körpereigenschaften. Wir wissen, daß tatsächlich Hitze ein ständiger Begleiter der Flamme ist; worin aber ihr Zusammenhang besteht, können wir weder vermuten noch vorstellen. Deshalb ist es unmöglich, daß der Begriff der Kraft aus der Beobachtung von Körpern in Einzelfällen ihrer Verhaltensweise stammen kann, weil die Körper niemals eine Kraft offenbaren, die das Urbild dieses Begriffes sein könnte*.

* Herr Locke sagt in seinem Kapitel über die Kraft, die Erfah-

Da uns demnach die Außendinge, wie sie den Sinnen erscheinen, durch ihre Verhaltensweise in den einzelnen Fällen keine Vorstellung der Kraft oder des notwendigen Zusammenhanges liefern, wollen wir sehen, ob diese Vorstellung nicht durch Reflexion auf die Tätigkeiten unseres eigenen Geistes gewonnen werden und einem inneren Eindruck nachgebildet sein könne. Es kann gesagt werden, daß wir uns jederzeit einer inneren Kraft bewußt sind, da wir fühlen, daß wir durch bloße Anweisung unseres Willens die Glieder unseres Körpers bewegen oder unsere Geistesvermögen lenken können. Ein Willensakt bringt Bewegung in unsere Glieder oder ruft eine neue Vorstellung in unserer Einbildungskraft hervor. Diesen Einfluß des Willens kennen wir durch unser Bewußtsein. Von hier erlangen wir die Vorstellung von Kraft und Energie und sind sicher, daß wir selbst wie alle anderen vernünftigen Wesen Kraft besitzen. Somit ist diese Vorstellung eine Reflexionsvorstellung, denn sie entsteht aus der Reflexion auf unsere Bewußtseinstätigkeit und die Herrschaft, die der Wille sowohl über die leiblichen Organe als auch über die Seelenvermögen ausübt.

Wir wollen in der Prüfung dieser Behauptung fortfahren und zunächst den Einfluß des Wollens auf die leiblichen Organe betrachten. Dieser Einfluß ist, wie wir sehen, eine Tatsache, die, wie alle anderen natürlichen Ereignisse, nur durch Erfahrung erkannt wird und niemals vorauszusehen ist aus einer sichtbaren Energie oder Kraft in der Ursache, die sie mit der Wirkung verknüpft und die eine unfehlbar zur Folge der

rung zeige uns, daß es innerhalb der Natur verschiedene Neuschöpfungen gebe; wir schließen daraus, es müsse irgendwo eine Kraft geben, fähig, sie zu erzeugen, und so – durch diesen Denkakt – gelangen wir schließlich zum Kraftbegriff. Jedoch kann uns, wie dieser Philosoph selbst zugibt, kein Denkakt jemals eine neue, ursprüngliche, einfache Vorstellung geben. Deshalb kann das nicht der Ursprung jenes Begriffes sein.

anderen macht. Die Bewegung unseres Körpers folgt dem Befehl unseres Willens; dessen sind wir uns jederzeit bewußt. Aber die Mittel, durch die das bewirkt wird, die Energie, kraft deren der Wille etwas so Außerordentliches hervorbringt – sie sind so wenig unmittelbar bewußt, daß sie sich allzeit unserer sorgfältigsten Forschung entziehen werden.

Erstens: Gibt es in der ganzen Natur ein geheimnisvolleres Prinzip als die Verbindung von Seele und Körper, durch welche eine vorausgesetzte geistige Substanz solchen Einfluß auf eine körperhafte erlangt, daß der feinste Gedanke die gröbste Materie zu bewegen vermag? Hätten wir durch einen geheimen Wunsch die Macht, Berge zu versetzen oder die Planeten in ihrer Bahn zu beherrschen, so wäre diese weitreichende Machtvollkommenheit nicht außerordentlicher oder unbegreiflicher. Erfaßten wir aber durch unser Bewußtsein eine Kraft oder Energie in unserem Willen, so müßten wir diese Kraft kennen, wir müßten ihren Zusammenhang mit der Wirkung kennen, wir müßten die verborgene Verbindung von Seele und Körper kennen und das Wesen dieser beiden Substanzen, wodurch die eine in so vielen Fällen auf die andere zu wirken vermag.

Zweitens sind wir nicht in der Lage, alle unsere leiblichen Organe mit gleicher Autorität zu bewegen, wenn wir auch für diesen so bemerkenswerten Unterschied keinen Grund außer Erfahrung angeben können. Warum hat der Wille einen Einfluß auf Zunge und Finger, nicht jedoch auf Herz oder Leber? Diese Frage würde uns nicht beunruhigen, wären wir uns einer Kraft im ersteren Falle bewußt, im letzteren nicht. Wir würden dann, unabhängig von der Erfahrung, erfassen, warum die Autorität des Willens über die leiblichen Organe so besonders begrenzt ist. Wären wir in jenem Falle mit der Macht oder Kraft seiner Wirksamkeit völlig vertraut, würden wir ebenfalls wissen, weshalb sein Einfluß genau bis an solche Grenzen und nicht weiter reicht.

Ein Mensch, dessen Bein oder Arm von plötzlicher Lähmung befallen wird oder der diese Gliedmaßen vor kurzem verloren hat, bemüht sich anfangs häufig, sie zu bewegen und zu ihren üblichen Verrichtungen zu gebrauchen. In diesem Falle ist er sich seiner Befehlsgewalt über diese Glieder ebenso bewußt, wie sich ein völlig gesunder Mensch der Kraft bewußt ist, irgendein in natürlichem Zustand und natürlicher Kondition befindliches Glied zu bewegen. Das Bewußtsein aber täuscht niemals. Folglich sind wir uns weder in dem einen noch in dem anderen Falle einer Kraft bewußt. Wir lernen den Willenseinfluß allein aus der Erfahrung kennen; und allein die Erfahrung lehrt uns, wie ein Ereignis ständig einem anderen folgt, ohne uns in den geheimen Zusammenhang einzuweihen, der sie untrennbar aneinander bindet.

Drittens: Aus der Anatomie lernen wir, daß der unmittelbare Gegenstand der Kraft bei einer gewollten Bewegung nicht das bewegte Glied selbst ist, sondern bestimmte Muskeln, Nerven und Lebensgeister und möglicherweise noch Winzigeres und Unbekannteres, wodurch sich die Bewegung allmählich fortpflanzt, bevor sie das Glied selbst erreicht, dessen Bewegung der unmittelbare Gegenstand des Wollens ist. Kann es einen bündigeren Beweis geben, daß die Kraft, wodurch dieser ganze Vorgang zustande kommt und die weit entfernt davon ist, direkt und völlig durch ein Gefühl oder ein Bewußtsein erkannt zu werden, äußerst geheimnisvoll und unbegreiflich ist? Der Geist will ein bestimmtes Ereignis; sofort wird ein anderes Ereignis hervorgerufen, uns unbekannt und von dem beabsichtigten gänzlich verschieden; dieses Ereignis erzeugt ein anderes, gleichermaßen unbekanntes, bis zuletzt – nach langer Abfolge – das gewünschte Ereignis eintritt. Würde jedoch die ursprüngliche Kraft von uns empfunden, so müßte sie bekannt sein; wäre sie bekannt, müßte ihre Wirkung ebenfalls bekannt sein, da alle Kraft in Beziehung zu ihrer Wirkung steht. Ist *umgekehrt* die Wirkung unbekannt, kann die Kraft weder gewußt noch empfunden werden. Wie könnten wir uns auch einer Kraft, die Glieder zu bewegen, bewußt sein, wenn wir keine solche Kraft besitzen, sondern nur die, gewisse Lebensgeister zu bewegen, die, wenn sie auch schließlich die Bewegung unserer Glieder bewirken, auf eine uns gänzlich unbegreifliche Weise wirken?

Wir dürfen aus alledem nun, wie ich hoffe, ohne Unbesonnenheit und mit Sicherheit schließen, daß unser Begriff der Kraft nicht nach dem Gefühl oder einem inneren Bewußtsein der Kraft gebildet ist, wenn wir eine animalische Bewegung ausführen oder unsere Glieder ihrem rechten Gebrauche und Zwecke entsprechend benutzen. Daß ihre Bewegung dem Befehl des Willens gehorcht, ist eine allgemeine Erfahrungstatsache, gleich anderen natürlichen Vorgängen; doch die Kraft oder Energie, wodurch das bewirkt wird, ist – wie diejenige der anderen Naturvorgänge – unbekannt und unbegreiflich*.

* Man könnte behaupten, daß der Widerstand, den wir bei Körpern antreffen und der uns häufig zwingt, unsere Kraft anzuwenden und alle unsere Macht aufzubieten, uns die Vorstellung von Kraft und Macht gibt. Dieser *Nisus,* diese starke Anstrengung, deren wir uns bewußt sind, wäre dann der ursprüngliche Eindruck, nach dem die Vorstellung gebildet wäre. Aber erstens schreiben wir einer großen Anzahl von Gegenständen Kraft zu, bei denen wir niemals diesen Widerstand oder diese Kraftanstrengung voraussetzen können: so dem höchsten Wesen, das keinem Widerstand begegnen kann; dem Geist bei seiner Herrschaft über die Vorstellungen und Organe im alltäglichen Denken und in Bewegungen, wo die Wirkung, ohne Anstrengung oder Aufbietung von Kraft, unverzüglich dem Willen folgt; der leblosen Materie, die eines solchen Gefühls nicht fähig ist.

Sollen wir also behaupten, wir seien uns einer inneren Kraft oder Energie bewußt, wenn wir durch einen Akt oder durch ein Gebot unseres Willens eine neue Vorstellung entstehen lassen, den Geist auf deren Betrachtung richten, sie nach allen Seiten wenden und sie schließlich einer anderen Vorstellung zuliebe entlassen, nachdem wir sie mit der nötigen Sorgfalt betrachtet zu haben glauben? Ich glaube, die nämlichen Argumente werden beweisen, daß selbst dieser Befehl des Willens uns keine wirkliche Vorstellung von Kraft oder Energie verschafft.

Wir müssen *erstens* einräumen, daß, wenn wir eine Kraft kennen, wir dasjenige in der Ursache kennen, wodurch sie die Wirkung hervorzubringen vermag, denn beides gilt als gleichbedeutend. Wir müßten also Ursache und Wirkung und die Beziehung beider kennen. Aber maßen wir uns an, mit dem Wesen der menschlichen Seele und dem Wesen der Vorstellung oder mit der Fähigkeit der einen, die andere hervorzubringen, vertraut zu sein? Das ist eine wirkliche Schöpfung, eine Erschaffung von etwas aus dem Nichts, was auf eine so große Kraft hindeutet, daß sie auf den ersten Blick das Vermögen jedes geringeren als eines unendlichen Wesens zu übersteigen scheint. Zumindest muß zugegeben werden, daß eine solche Kraft weder erspürt noch gewußt wird, noch auch nur geistig zu begreifen ist. Wir spüren nur das Ereignis, d. h. das Vorhandensein einer Vorstellung als Folge eines Befehls des Willens; die Art jedoch, in der dieser Vorgang sich

Zweitens hat dieses Gefühl der Anstrengung, einen Widerstand zu überwinden, keinen bekannten Zusammenhang mit irgendeinem Geschehen: was ihm folgt, wissen wir aus Erfahrung, könnten es hingegen nicht *a priori* wissen. Man muß jedoch zugeben, daß der animalische *Nisus*, den wir erfahren, kann er auch keine genaue, bestimmte Vorstellung der Kraft gewähren, sehr auf jene gewöhnliche, ungenaue Vorstellung hinausläuft, die man sich von ihr macht.

vollzieht, die Kraft, die ihn hervorbringt, übersteigt völlig unser Verständnis.

Zum *zweiten* ist die Macht des Geistes über sich selbst ebenso beschränkt wie über den Leib, und diese Schranken lernt man nicht durch Vernunft kennen oder durch Vertrautwerden mit dem Wesen der Ursache und Wirkung, sondern nur durch Erfahrung und Beobachtung, wie bei allen anderen Naturvorgängen und Vorgängen der Außenwelt. Unsere Herrschaft über unsere Gefühle und Leidenschaften ist viel schwächer als die über unsere Vorstellungen, und selbst letztere ist in sehr engen Grenzen beschlossen. Wer getraut sich, den letzten Grund für diese Grenzen zu nennen oder zu zeigen, warum die Kraft in einem Falle unzureichend ist, in einem anderen nicht?

Zum *dritten* ist diese Selbstbeherrschung sehr unterschiedlich zu verschiedenen Zeiten. Ein gesunder Mensch besitzt mehr davon als ein durch Krankheit geschwächter. Wir sind am Morgen mehr Herr unserer Gedanken als am Abend, nüchtern mehr als nach einem ausgiebigen Mahl. Können wir für diese Unterschiede einen anderen Grund als die Erfahrung nennen? Wo ist also die Kraft, deren wir uns angeblich bewußt sind? Besteht hier nicht, sei es in der geistigen oder körperhaften Substanz oder in beiden, ein verborgener Mechanismus oder eine Struktur der Teile, von welcher die Wirkung abhängt und die – uns gänzlich unbekannt – die Kraft oder Energie des Willens ebenso unbekannt und unbegreiflich macht?

Das Wollen ist ohne Zweifel ein Geistesakt, mit dem wir hinreichend vertraut sind. Man denke einmal darüber nach und betrachte es von allen Seiten. Findet man irgend etwas von dieser schöpferischen Idee in ihm, vermöge deren es eine neue Vorstellung aus dem Nichts hervorbringt und in der Art des „Fiat!" die Allmacht seines Schöpfers nachahmt – wenn ich so sagen darf –, der die ganze Vielfalt der Naturerscheinungen ins Dasein rief? Weit entfernt, uns dieser Energie des Willens bewußt zu sein, bedarf es einer so gewissen Erfahrung, wie wir sie besitzen, um uns zu überzeugen, daß solche außerordentlichen Wirkungen jemals aus einem einfachen Akt des Wollens hervorgehen.

Die meisten Menschen haben keine Schwierigkeit, die gewöhnlicheren und bekannteren Naturvorgänge zu erklären, etwa den Fall schwerer Körper, das Wachstum der Pflanzen, die Zeugung der Tiere oder die Erhaltung der Körper durch Nahrung: Sie meinen, in allen diesen Fällen die Kraft oder Energie der Ursache zu kennen, durch welche sie mit ihrer Wirkung verknüpft und in ihrer Wirksamkeit immerdar unfehlbar ist. Durch lange Gewohnheit bildet sich bei ihnen eine solche Geisteshaltung, daß sie beim Auftreten der Ursache sofort mit Sicherheit deren übliche Begleiterscheinung erwarten und es kaum für möglich halten, daß ein anderes Ereignis daraus hervorgehen könne. Erst wenn sie auf außergewöhnliche Erscheinungen stoßen, wie z. B. Erdbeben, Seuchen und Ungewöhnliches aller Art, fühlen sie sich außerstande, eine passende Ursache anzugeben und zu erklären, auf welche Weise die Wirkung aus ihr entsteht. Gewöhnlich nehmen die Menschen in solchen Schwierigkeiten Zuflucht zu einem unsichtbaren vernünftigen Prinzip* als der unmittelbaren Ursache jenes Geschehens, das sie staunen macht und das – wie sie meinen – durch die gewöhnlichen Naturkräfte nicht erklärt werden kann. Die Philosophen jedoch, die ihre Untersuchung etwas weitertreiben, erkennen sogleich, daß selbst bei den bekanntesten Ereignissen die Energie der Ursache ebenso unerkennbar ist wie bei den ungewöhnlichsten und

* Θεὸς ἀπὸ μηχανῆς.

daß wir einzig aus Erfahrung die häufige Verbindung (CONJUNCTION) von Gegenständen kennenlernen, ohne freilich je imstande zu sein, so etwas wie Verknüpfung (CONNEXION) zwischen ihnen zu begreifen. Daher halten sich viele Philosophen aus Vernunftgründen für verpflichtet, sich in allen Fällen auf dasselbe Prinzip zu berufen, auf das sich gewöhnliche Sterbliche nur in solchen Fällen berufen, die wunderbar und übernatürlich scheinen. Sie halten den Geist und die Intelligenz nicht nur für die letzte und originäre Ursache der Dinge, sondern für die unmittelbare und einzige Ursache jedes Naturphänomens. Sie behaupten, daß solche Gegenstände, die gewöhnlich *Ursachen* genannt werden, in Wirklichkeit nichts anderes als *Veranlassungen* sind und daß das wahre und direkte Prinzip jeder Wirkung nicht eine Kraft oder Macht in der Natur ist, sondern ein Willensakt des höchsten Wesens, das die ständige wechselseitige Verbindung solcher bestimmten Gegenstände will. Statt zu sagen, eine Billardkugel bewege eine andere durch die vom Schöpfer der Natur empfangene Kraft, sagen sie, es sei die Gottheit selbst, welche die zweite Kugel durch einen besonderen Willensakt bewege – hierzu bestimmt durch den Stoß der ersten Kugel und infolge jener allgemeinen Gesetze, welche sie sich selbst zur Regierung der Welt gegeben hat[8]. Philosophen, die in ihren Untersuchungen weiter vordringen, entdecken, daß, wie wir völlig unwissend über die Kraft sind, von welcher die Wechselwirkung der Körper abhängt, wir nicht minder unwissend sind über jene Kraft, von welcher die Einwirkung des Geistes auf den Leib oder des Leibes auf den Geist abhängt; auch sind wir außerstande, weder durch unsere Sinne noch durch unser Bewußtsein, in dem einen Falle mehr als in dem anderen, das letzte Prinzip anzugeben. Dieselbe Unwissenheit führt sie so zu demselben Ergebnis. Sie behaupten, die Gottheit sei die unmittelbare Ursache der Verbindung von Seele und Leib und nicht die Sinnesorgane erzeugten – durch Außendinge erregt – im Geiste Wahrnehmungen, sondern ein besonderer Willensakt unseres allmächtigen Schöpfers rufe eine derartige Wahrnehmung als Folge einer solchen organischen Bewegung hervor. In gleicher Weise ist es keine Willensenergie, welche die örtliche Bewegung der Glieder hervorbringt. Gott selbst gefällt es, unseren an sich unfähigen Willen zu unterstützen und jene Bewegung zu gebieten, die wir irrtümlich unserer eigenen Kraft und Wirksamkeit zuschreiben. Auch bei dieser Schlußfolgerung machen die Philosophen nicht halt. Sie wenden sie manchmal auf den Geist selbst und seine innere Tätigkeit an. Unser geistiges Schauen oder Bilden von Vorstellungen ist nur eine uns von unserem Schöpfer gegebene Offenbarung. Richten wir willkürlich unsere Gedanken auf einen Gegenstand und lassen dessen Bild in der Phantasie entstehen, so ist nicht der Wille Schöpfer jener Vorstellung, sondern der Weltschöpfer entdeckt sie dem Geist und macht sie uns gegenwärtig.

So ist für diese Philosophen alles von Gott erfüllt. Nicht zufrieden mit dem Prinzip, daß nichts außer seinem Willen existiert und nichts ohne seinen Willen Kraft besitzt, berauben sie die Natur und alle Geschöpfe jeglicher Kraft, um deren Abhängigkeit von der Gottheit sinnfälliger und offenbarer zu machen. Sie bemerken nicht, daß sie mit dieser Theorie die Erhabenheit jener Eigenschaften, die sie so sehr zu rühmen vorgeben, mindern, statt sie zu vergrößern. Sicherlich zeugt es von größerer Macht der Gottheit, wenn sie den untergeordneten Geschöpfen ein gewisses Maß an Kraft überläßt, als alles durch ihren eigenen unmittelbaren Willen hervorzubringen. Es zeugt von größerer Weisheit, zunächst das Weltgebäude mit solcher vollkommenen Vorhersicht zu entwerfen, daß es von selbst und durch eigene Wirksamkeit allen Zwekken der Vorsehung dienen kann, als daß der große Schöpfer sich jeden Augenblick genötigt sähe, die Teile zu ordnen und durch seinen Odem alle Räder jener riesigen Maschine zu beleben.

Wollen wir jedoch eine philosophischere Widerlegung dieser Theorie, dann genügen vielleicht die beiden folgenden Überlegungen.

Erstens scheint mir diese Theorie der universalen Energie und Wirksamkeit des höchsten Wesens zu kühn, einen Menschen zu überzeugen, dem die Schwäche der Menschenvernunft und die engen Grenzen, auf die sie in ihren Tätigkeiten beschränkt ist, vertraut genug sind. Wäre die Kette der zu ihr hinführenden Argumente auch noch so logisch, so müßte doch der starke Verdacht, wenn nicht gar die absolute Gewißheit entstehen, daß sie uns weit über den Bereich unserer Fähigkeiten hinausgeführt hat, sofern sie zu Schlüssen führt, die so außergewöhnlich und so weit entfernt von alltäglichem Leben und Erfahrung sind. Wir sind ins Märchenland geraten, lange bevor wir die letzten Stufen unserer Lehre erreicht haben, und *dort* haben wir keinen Grund, unseren üblichen Methoden der Beweisführung zu vertrauen oder zu glauben, unsere gewohnten Analogien und Wahrscheinlichkeiten hätten hier irgendwelches Gewicht. Unser Lot ist zu kurz, um solche ungeheuren Abgründe auszumessen. Und wie wir uns auch schmeicheln mögen, daß wir bei jedem unserer Schritte durch eine gewisse Wahrscheinlichkeit und Erfahrung geleitet werden, so können wir doch sicher sein, daß diese eingebildete Erfahrung kein Gewicht hat, wenn wir sie auf Gegenstände anwenden, die gänzlich außerhalb unseres Erfahrungsbereiches liegen. Aber wir werden später Gelegenheit haben, darauf einzugehen*.

* XII. Abschnitt.

Zweitens kann ich in den Begründungen, auf denen diese Theorie beruht, keine Überzeugungskraft sehen. Gewiß kennen wir nicht die Art und Weise, wie Körper aufeinander wirken; ihre Kraft oder Energie ist gänzlich unbegreifbar. Aber sind wir nicht ebenso unwissend hinsichtlich der Art oder Kraft, durch die ein Geist, selbst der höchste Geist, auf sich selbst oder Körper wirkt? Woher, frage ich, gewinnen wir davon eine Vorstellung? In uns haben wir kein Gefühl oder Bewußtsein dieser Kraft. Wir haben keine Vorstellung des höchsten Wesens, außer dem, was wir aus der Reflexion auf unsere eigenen Fähigkeiten lernen. Wäre unsere Unwissenheit also ein guter Grund, etwas zu verwerfen, so würde uns das zu dem Prinzip führen, alle Energie in dem höchsten Wesen ebenso wie in der gröbsten Materie zu leugnen. Wir begreifen sicherlich die Tätigkeiten des einen so wenig wie die der anderen. Ist es schwieriger, sich vorzustellen, daß Bewegung durch Anstoß als daß sie durch einen Willensakt entstehen kann? Wir wissen in beiden Fällen nur um unsere tiefe Unwissenheit*.

* Ich brauche nicht ausführlich die *vis inertiae* zu untersuchen, von der soviel in der neuen Philosophie die Rede ist und die man der Materie zuschreibt. Wir finden durch Erfahrung, daß ein Körper in Ruhelage oder in Bewegung stets seinen gegenwärtigen Zustand beibehält, bis er durch eine neue Ursache daraus vertrieben wird, und daß ein Körper, der angestoßen wird, dem stoßenden so viel Kraft entzieht, wie er selbst dabei aufnimmt. Das sind Tatsachen. Nennen wir das *vis inertiae*, so bezeichnen wir lediglich diese Tatsachen, ohne Anspruch zu erheben, eine Vorstellung von dieser Trägheitskraft zu besitzen; ebenso meinen wir, wenn von der Schwerkraft die Rede ist, gewisse Wirkungen ohne jene tätige Kraft zu begreifen. Sir Isaac Newton hatte niemals die Absicht, die Sekundärursachen[9] aller Kraft oder Energie zu berauben, obwohl einige seiner Anhänger versucht haben, diese Theorie auf seine Autorität zu gründen. Dieser große Denker nahm im Gegenteil Zuflucht zu einem wirkkräftigen Ätherfluidum, um die universale Anziehungskraft zu erklären, wenn er auch so vorsichtig und bescheiden war, zuzugeben, daß dies eine bloße Hypothese

Zweiter Teil

Aber wir wollen uns beeilen, mit dieser Erörterung, die schon zu sehr in die Länge gegangen ist, zu Ende zu kommen. Wir haben vergeblich nach einer Vorstellung von Kraft oder notwendigem Zusammenhang in allen Quellen gesucht, aus denen sie nach unserer Meinung stammen konnte. Es zeigt sich, daß wir in einzelnen Fällen der Wirksamkeit von Körpern, trotz äußerster Sorgfalt, nichts anderes feststellen können als die Aufeinanderfolge zweier Ereignisse, ohne fähig zu sein, eine Kraft oder Macht zu begreifen, durch welche die Ursache wirkt, oder irgendeinen Zusammenhang zwischen ihr und ihrer vermuteten Wirkung. Die gleiche Schwierigkeit entsteht, wenn wir über die Einwirkungen des Geistes auf den Leib nachdenken, wo wir nämlich beobachten, daß die Bewegung des letzteren der Willensregung des ersteren folgt. Wir sind jedoch nicht in der Lage, das Band zu beobachten oder zu erfassen, das Bewegung und Wollen miteinander verknüpft, oder die Energie, durch die der Geist diese Wirkung hervorbringt. Die Verfügungsgewalt des Willens über seine eigenen Fähigkeiten und Vorstellungen ist nicht ein Jota begreiflicher, so daß sich im ganzen nirgends in der Natur ein Fall von Verknüpfung zeigt, den wir begreifen können. Alle Vorgänge scheinen ganz un-

sei, auf die man sich ohne weitere Versuche nicht verlassen könne. Ich muß gestehen, daß im Schicksal der Meinungen etwas Sonderbares liegt. Descartes deutete die Lehre von der universalen und alleinigen Wirkkraft der Gottheit an, ohne auf sie besonders einzugehen. Malebranche und andere Cartesianer machten sie zur Grundlage ihrer ganzen Philosophie, die jedoch in England kein Ansehen hatte. Locke, Clarke und Cudworth schenkten ihr nicht einmal Beachtung, sondern nahmen stets an, die Materie besitze eine wirkliche, wiewohl untergeordnete und mittelbare Kraft. Wodurch ist sie bei unseren heutigen Metaphysikern so vorherrschend geworden?

zusammenhängend und getrennt. Ein Vorgang folgt einem anderen, doch können wir niemals eine Bindung zwischen ihnen beobachten; sie scheinen *verbunden (conjoined)*, doch nie *verknüpft (connected)*. Und da wir keine Vorstellung von etwas haben können, das sich niemals unserer äußeren oder inneren Wahrnehmung darbot, so *scheint* die notwendige Schlußfolgerung zu sein, daß wir überhaupt keine Vorstellung des Zusammenhanges oder der Kraft haben und daß diese Worte gänzlich bedeutungslos sind, wenn sie in philosophischen Erörterungen oder im alltäglichen Leben gebraucht werden.

Aber es bleibt noch ein Verfahren, diese Folgerung zu vermeiden, und eine Quelle, die wir noch nicht untersucht haben. Bietet sich uns ein Naturgegenstand oder ein Naturereignis dar, dann ist es uns – bei aller scharfsinnigen Durchdringung – ohne Erfahrung unmöglich, zu entdecken oder auch nur zu vermuten, welches Ereignis daraus folgen wird, oder mit unserer Voraussicht über den Gegenstand hinaus zu gelangen, der Gedächtnis und Sinnen unmittelbar vorliegt. Selbst wenn uns ein Beispiel oder Experiment beobachten ließ, daß ein bestimmtes Ereignis einem anderen folgte, sind wir nicht berechtigt, eine allgemeine Regel aufzustellen oder vorauszusagen, was sich in ähnlichen Fällen ereignen wird; denn es gilt mit Recht als unverzeihliche Unbesonnenheit, den gesamten Naturprozeß aus einer einzelnen Erfahrungstatsache, wie genau und gewiß sie auch sein mag, zu beurteilen. Aber wenn eine bestimmte Art von Ereignissen stets in allen Fällen mit einer anderen verbunden war, so haben wir nicht länger Bedenken, das eine bei Auftreten des anderen vorauszusagen und jenes Schlußverfahren anzuwenden, das uns allein einer Tatsache oder Existenz versichern kann. Wir nennen dann den einen Gegenstand *Ursache*, den anderen *Wirkung*. Wir nehmen an, daß ein Zusammenhang zwischen beiden besteht, irgendeine Kraft in dem einen, die unfehlbar den anderen hervorbringt und mit der größten Sicherheit und strengsten Notwendigkeit verfährt.

Es scheint somit die Vorstellung eines notwendigen Zusammenhanges von Ereignissen ihren Ursprung in einer Anzahl ähnlicher Fälle der konstanten Verbindung dieser Ereignisse zu haben; ein einzelner dieser Fälle kann nie diese Vorstellung eingeben, mag man ihn auch in jedem Lichte und von allen Seiten prüfen. Es gibt aber in einer Anzahl von Fällen nichts von jedem einzelnen Fall Verschiedenes, der als völlig gleichartig mit ihnen angenommen wird, außer, daß nach einer Wiederholung ähnlicher Fälle der Geist aus Gewohnheit dazu geführt wird, beim Auftreten des einen Ereignisses dessen übliche Begleiterscheinung zu erwarten und an deren Vorhandensein zu glauben. Diese Verknüpfung also, die wir im Geiste *erfahren (feel)*, dieser gewohnheitsmäßige Übergang der Einbildungskraft von einem Gegenstand zu seiner üblichen Begleiterscheinung, ist die Empfindung oder der Eindruck, woraus wir die Vorstellung der Kraft oder des notwendigen Zusammenhanges bilden. Das ist alles. Man betrachte die Sache von allen Seiten, niemals wird man einen anderen Ursprung dieser Vorstellung finden. Das ist der einzige Unterschied zwischen einem Einzelfalle, aus dem wir die Vorstellung des Zusammenhanges nie erhalten, und einer Anzahl ähnlicher Fälle, durch die sie uns eingegeben wird. Als ein Mensch zum ersten Male die Mitteilung der Bewegung durch Stoß beobachtete, etwa beim Aufeinanderprall zweier Billardbälle, konnte er nicht sagen, daß das eine Ereignis mit dem anderen *verknüpft* war, sondern nur, daß es mit ihm *verbunden* war. Hat er mehrere derartige Fälle beobachtet, erklärt er sie für *verknüpft*. Was hat sich so geändert, daß diese neue Vorstellung der *Verknüp-*

fung entstand? Nichts, außer daß er nun diese Ereignisse als in seiner Einbildungskraft *verknüpft empfindet* und ohne weiteres das Dasein des einen aus dem Auftreten des anderen vorhersagen kann. Sagen wir deshalb, ein Gegenstand sei mit einem anderen verknüpft, so meinen wir nur, daß sie in unserem Denken eine Verknüpfung erlangt haben und einen Schluß veranlassen, durch den sie zu Beweisen ihres beiderseitigen Daseins werden: ein etwas außergewöhnlicher Schluß, der jedoch auf ausreichende Evidenz gegründet scheint. Diese Evidenz wird auch nicht durch ein generelles mangelndes Selbstvertrauen des Verstandes oder durch einen skeptischen Zweifel an jeder Schlußfolgerung, die neu und außergewöhnlich ist, abgeschwächt. Dem Skeptizismus können keine Schlüsse angenehmer sein als solche, welche die Schwäche und enge Begrenzung der menschlichen Vernunft und Fähigkeit aufdecken.

Kann ein stärkerer Beweis für die erstaunliche Unwissenheit und Schwäche des Verstandes erbracht werden als dieser? Wenn es nämlich irgendeine Beziehung zwischen Gegenständen gibt, die er uns als völlig bekannt hinstellt, so ist es die von Ursache und Wirkung. Auf sie gründen sich alle unsere Vernunftschlüsse über Tatsachen oder Existenz. Durch sie allein erlangen wir Gewißheit von Gegenständen, die dem augenblicklichen Zeugnis des Gedächtnisses und der Sinne entrückt sind. Der einzige unmittelbare Nutzen aller Wissenschaften ist es, uns zu lehren, zukünftige Ereignisse durch ihre Ursachen zu kontrollieren und zu lenken. Deshalb ist unser Denken und Forschen auch jederzeit mit dieser Beziehung befaßt. Doch so unvollkommen sind die Vorstellungen, die wir uns von ihr machen, daß es unmöglich ist, eine richtige Definition der Ursache zu geben, ohne etwas mit einzubeziehen, was ihr äußerlich und fremd ist. Ähnliche Gegenstände sind immer mit ähnlichen verbunden – das lehrt uns die Erfahrung. Entsprechend dieser Erfahrung können wir deshalb die Ursache definieren als *einen Gegenstand, der einen anderen im Gefolge hat, wobei alle dem ersten ähnlichen Gegenstände solche, die dem zweiten ähnlich sind, zur Folge haben (an object, followed by another, and where all the objects, similar to the first, are followed by objects similar to the second).* Das Auftreten einer Ursache führte das Bewußtsein stets durch einen gewohnheitsmäßigen Übergang zur Vorstellung der Wirkung. Auch das lehrt uns die Erfahrung. Deshalb können wir, dieser Erfahrung gemäß, eine andere Definition der Ursache geben und sie *einen Gegenstand* nennen, *der einen anderen zur Folge hat und dessen Auftreten stets das Denken zu jenem anderen hinführt (an object followed by another, and whose appearance always conveys the thought to that other).* Haben wir nun auch diese beiden Definitionen von Umständen hergeleitet, die der Ursache fremd sind, so können wir diesem Übelstand doch nicht abhelfen oder eine vollkommenere Definition der Ursache erreichen, die jenen Sachverhalt in der Ursache zeigte, der ihr eine Verknüpfung mit ihrer Wirkung gäbe. Wir haben keine Vorstellung dieser Verknüpfung noch auch nur einen bestimmten Gedanken dessen, was wir zu wissen wünschen, wenn wir uns um einen Begriff davon bemühen. Wir sagen z. B., die Schwingung dieser Saite sei die Ursache eines bestimmten Tones. Was aber meinen wir mit dieser Behauptung? Wir meinen entweder, *daß auf diese Schwingung dieser Ton folgt und daß alle ähnlichen Schwingungen ähnliche Töne zur Folge hatten,* oder aber, *daß dieser Schwingung dieser Ton folgt und daß beim Auftreten des einen der Geist den Sinnen vorgreift und unmittelbar eine Vorstellung des anderen bildet.* Wir können die Beziehung von Ursache und Wirkung unter einem dieser Gesichtspunkte betrachten; darüber hinaus haben wir von ihr keine Vorstellung*.

Fassen wir die Gedankengänge dieses Abschnittes zusammen: Jede Vorstellung ist einem voraufgehenden Eindruck oder einer Empfindung nachgebildet, und

* Gemäß diesen Erklärungen und Definitionen ist der Begriff der *Kraft* ein ebensolcher Relationsbegriff wie der der *Ursache*, und beide beziehen sich auf eine Wirkung oder ein anderes Ereignis, das ständig mit ihnen verbunden ist. Wenn wir das *unbekannte* Etwas eines Gegenstandes, durch das der Grad oder die Größe seiner Wirkung fixiert und bestimmt ist, betrachten, so nennen wir das seine Kraft; und entsprechend wird von allen Philosophen zugegeben, die Wirkung sei das Maß der Kraft[10]. Hätten sie aber einen Begriff der Kraft, wie sie an und für sich ist, warum könnten sie dann diese Kraft nicht selbst messen? Der Streit, ob die Kraft eines bewegten Körpers seiner Geschwindigkeit oder dem Quadrat seiner Geschwindigkeit gleich sei, dieser Streit, sage ich, brauchte dann nicht durch Vergleichen von Wirkungen zu gleichen oder ungleichen Zeiten entschieden zu werden, sondern durch direkte Messung und Vergleich.

Was den häufigen Gebrauch der Wörter Kraft, Macht, Energie usw. betrifft, die überall in Alltagssprache und Philosophie vorkommen, so ist das kein Beweis, daß wir auch nur in einem Falle mit dem Prinzip der Verknüpfung von Ursache und Wirkung bekannt oder imstande sind, den letzten Grund eines Dinges nennen zu können. Diese Wörter haben im gewöhnlichen Sprachgebrauch sehr vage Bedeutungen, und ihre Begriffe sind sehr unbestimmt und verworren. Kein Lebewesen kann Außendinge in Bewegung setzen ohne das Gefühl eines *Nisus* oder einer Anstrengung, und jedes Lebewesen hat eine Empfindung oder ein Gefühl von dem Stoß oder Schlag eines äußeren, in Bewegung befindlichen Gegenstandes. Wir sind geneigt, diese bloß auf Lebewesen zutreffenden Wahrnehmungen, aus denen wir *a priori* keine Schlüsse ziehen können, auf unbelebte Dinge zu übertragen und anzunehmen, auch sie hätten solche Empfindungen, wenn sie Bewegung übertragen oder empfangen. Was die Energien betrifft, die sich äußern, ohne daß wir damit eine Vorstellung mitgeteilter Bewegung verknüpfen, so betrachten wir nur die andauernd beobachtete Verbindung von Ereignissen, und da wir eine gewohnheitsmäßige Verknüpfung zwischen den Vorstellungen *empfinden*, übertragen wir diese Empfindung auf Gegenstände; denn nichts ist gebräuchlicher, als Außendingen jede innere Wahrnehmung zuzuschreiben, die sie veranlassen.

wo wir keinen Eindruck entdecken können, gibt es sicherlich keine Vorstellung. In jedem einzelnen Falle der körperlichen oder geistigen Wirksamkeit gibt es nichts, was einen Eindruck hervorbringt, noch – demzufolge – eine Vorstellung der Kraft oder des notwendigen Zusammenhanges vermitteln kann. Wenn aber viele gleichartige Fälle eintreten und derselbe Gegenstand immer dasselbe Ereignis zur Folge hat, beginnen wir den Begriff von Ursache und Verknüpfung zu bilden. Wir *bemerken* dann eine neue Empfindung oder einen Eindruck, nämlich eine gewohnheitsmäßige Verknüpfung im Denken oder in der Einbildungskraft zwischen einem Gegenstand und seiner üblichen Begleiterscheinung, und diese Empfindung ist das Urbild der von uns gesuchten Vorstellung. Da nämlich diese Vorstellung aus einer Anzahl gleichartiger Fälle entsteht und nicht aus einem Einzelfall, muß sie aus jenem Umstand entstehen, worin die Anzahl von Fällen sich von jedem Einzelfalle unterscheidet. Aber diese gewohnheitsmäßige Verknüpfung oder Überleitung der Einbildung ist der einzige Umstand, in dem sie sich unterscheiden. In jeder anderen Einzelheit sind sie gleich. Das erste Beispiel, das wir gesehen haben, der Mitteilung einer Bewegung durch den Zusammenstoß zweier Billardkugeln (um zu diesem einleuchtenden Beispiel zurückzukehren), gleicht völlig jedem Falle, dem wir jetzt begegnen können, nur darin nicht, daß wir zuerst nicht ein Ereignis aus einem anderen *herleiten* konnten, wozu wir nun jedoch, nach einer so langen Reihe gleichartiger Erfahrung, in der Lage sind: Ich weiß nicht, ob der Leser diesen Gedankengang sofort erfassen wird. Ich fürchte, wenn ich darüber noch mehr Worte machte oder ihn unter noch vielfältigeren Gesichtspunkten betrachtete, so würde er nur noch dunkler und verworrener werden. In allen abstrakten Gedankengängen gibt es einen Gesichtspunkt, der, wenn es uns glückt, ihn zu treffen, weit mehr zur Veranschaulichung des Problems leistet als alle Beredsamkeit und aller Wortreichtum der Welt. Diesen Gesichtspunkt sollten wir zu erreichen trachten und die Blüten der Rhetorik für Gegenstände aufsparen, die sich besser dazu eignen.

ACHTER ABSCHNITT

Über Freiheit und Notwendigkeit

Erster Teil

Man könnte vernünftigerweise erwarten, daß in Fragen, die seit Anbeginn von Wissenschaft und Philosophie mit großem Eifer untersucht und erörtert worden sind, sich die Streitenden wenigstens über die Bedeutung aller Ausdrücke geeinigt und daß im Laufe von zweitausend Jahren unsere Untersuchungen es vermocht hätten, von Worten zum wahren und wirklichen Gegenstand des Streites überzugehen. Denn wie leicht scheint es, exakte Definitionen der in Verstandesprozessen gebrauchten Ausdrücke zu geben und diese Definitionen – nicht den bloßen Schall von Worten – zum Gegenstand künftiger Prüfung und Untersuchung zu machen. Sehen wir uns die Sache jedoch näher an, so werden wir wohl zu einem ganz anderen Schluß kommen. Aus dem bloßen Umstand, daß eine Kontroverse lange in Gang gehalten wurde und noch unentschieden ist, dürfen wir annehmen, daß hier eine terminologische Vieldeutigkeit vorliegt und daß die Streitenden verschiedene Vorstellungen mit den in der Kontroverse gebrauchten Ausdrücken verbinden. Da nämlich die geistigen Fähigkeiten bei jedem Individuum als von Natur her gleich gelten – anderenfalls gäbe es nichts Fruchtloseres, als miteinander zu diskutieren und disputieren –, wäre es unmöglich, daß Menschen, wenn sie die gleichen Vorstellungen mit ihren Ausdrücken verbänden, so lange in einer Sache verschiedener Meinung sein könnten, besonders, wenn sie ihre Ansichten einander mitteilen und jede Partei in jeder Hinsicht nach Argumenten sucht, die ihr zum Siege über ihre Gegner verhelfen sollen. In der Tat, wenn die Menschen sich an die Erörterung von Fragen wagen, die das menschliche Vermögen gänzlich übersteigen – wie etwa Fragen nach dem Ursprung der Welt oder der Verfassung des intelligiblen Bereiches bzw. des Reiches der Geister –, dann mögen sie lange ergebnislos ins Blaue hinein reden und nie zu einem bestimmten Ergebnis gelangen. Bezieht sich jedoch die Frage auf einen Gegenstand des alltäglichen Lebens und der Erfahrung, dann sollte man annehmen, daß nichts den Disput so lange unentschieden lassen konnte als einige vieldeutige Ausdrücke, welche die Gegner voneinander trennen und sie hindern, gemeinsam die Sache in Angriff zu nehmen.

Das ist der Fall gewesen in der lange umstrittenen Frage nach Freiheit und Notwendigkeit, und zwar in so bemerkenswertem Grade, daß – wenn ich mich nicht sehr irre – wir finden werden, daß alle Menschen, gelehrt oder unwissend, in dieser Hinsicht stets gleicher Meinung gewesen sind, und daß ein paar vernünftige Definitionen der ganzen Kontroverse sofort ein Ende gemacht hätten. Ich gebe zu, daß dieser Disput von allen Seiten so sehr erörtert worden ist und die Philosophen in ein solches Labyrinth dunkler Sophisterei geführt hat, daß es nicht verwunderlich ist, wenn ein einsichtiger Leser sich dieser Plage nicht aussetzt und sein Ohr der Erörterung einer solchen Frage verschließt, von der er weder Belehrung noch Unterhaltung erwarten kann. Die hier gebotene Fassung des Arguments kann aber vielleicht seine Aufmerksamkeit erneut wecken, da sie neuartiger ist, immerhin eine gewisse Entscheidung der Kontroverse verspricht und seine Ruhe nicht sehr durch verwickelte oder dunkle Gedankengänge stören wird.

Ich hoffe also klarzumachen, daß alle Menschen von jeher in der Lehre von Notwendigkeit und Freiheit einig gewesen sind, wenn man diesen Ausdrücken einen vernünftigen Sinn gibt, und daß sich die ganze bisherige Kontroverse bloß um Worte gedreht hat. Wir wollen mit der Prüfung der Lehre von der Notwendigkeit beginnen.

Es wird allgemein anerkannt, daß die Materie in allen ihren Verhaltensweisen durch eine notwendige Kraft bewegt wird und jede Wirkung in der Natur so genau durch ihre Ursache bestimmt ist, daß unter den betreffenden Umständen keine andere Wirkung aus ihr hätte entstehen können. Grad und Richtung einer jeden Bewegung werden durch die Naturgesetze mit solcher Genauigkeit vorgeschrieben, daß ebensogut ein Lebewesen aus dem Zusammenprall zweier Körper entstehen kann wie eine Bewegung von anderer Intensität oder Richtung als die in Wirklichkeit entstandene. Wollen wir somit einen richtigen und genauen Begriff der *Notwendigkeit* bilden, dann müssen wir den Ursprung jenes Begriffes ins Auge fassen, wenn wir ihn auf das Verhalten von Körpern anwenden.

Es ist offenkundig: unterläge alles Naturgeschehen derart dem Wechsel, daß nicht zwei Ereignisse Ähnlichkeit miteinander hätten, sondern jeder Gegenstand gänzlich neu und ohne jegliche Gleichartigkeit mit früher Erlebtem wäre, so hätten wir in diesem Falle niemals die mindeste Vorstellung von Notwendigkeit oder einer Verknüpfung zwischen diesen Gegenständen erlangt. Unter dieser Voraussetzung ließe sich sagen, daß ein Gegenstand oder Ereignis einem anderen gefolgt ist, nicht, daß das eine durch das andere hervorgebracht wurde. Die Relation von Ursache und Wirkung würde der Menschheit völlig unbekannt sein. Schlüsse und vernünftige Erwägungen über das Naturgeschehen wären von diesem Augenblick an zu Ende, und Gedächtnis und Sinne wären die einzigen Kanäle, durch die uns Erkenntnis eines wirklich Seienden möglicherweise bewußt werden könnte. Somit entsteht unser Begriff von Notwendigkeit und Verursachung ausschließlich aus der im Naturgeschehen beobachtbaren Gleichförmigkeit, wo gleichartige Gegenstände ständig miteinander verbunden sind und der Geist durch Gewohnheit veranlaßt wird, den einen aus dem Auftreten des anderen zu folgern. Diese beiden Umstände machen das Ganze jener Notwendigkeit aus, die wir der Materie zuschreiben. Über die ständige *Verbindung* gleichartiger Gegenstände hinaus und die daraus folgende *Herleitung* des einen aus dem anderen haben wir keinen Begriff von Notwendigkeit oder Verknüpfung.

Zeigt sich nun, daß die Menschen von jeher ohne Zweifel und Zögern anerkannt haben, daß diese beiden Sachverhalte in den freiwilligen Handlungen der Menschen und in den geistigen Vorgängen vorliegen, so muß daraus folgen, daß die Menschen schon immer in der Lehre von der Notwendigkeit einer Meinung waren und daß sie bislang einfach nur deshalb miteinander gestritten haben, weil sie sich nicht verstanden.

Hinsichtlich des ersten Sachverhaltes, der ständigen und regelmäßigen Verbindung ähnlicher Ereignisse, können uns vielleicht folgende Überlegungen zufriedenstellen. Es ist allgemein bekannt, daß eine große Gleichförmigkeit unter den Handlungen der Menschen bei allen Völkern und zu allen Zeiten besteht und daß sich die menschliche Natur in ihren Prinzipien und Handlungsweisen immer gleichbleibt. Die gleichen Motive führen immer zu den gleichen Handlungen; die gleichen Ereignisse folgen aus gleichen Ursachen. Ruhmsucht, Habgier, Selbstsucht, Eitelkeit, Freundschaft, Großmut, Gemeinsinn – diese Neigungen waren und sind, in verschiedener Weise gemischt und in der Gesellschaft verteilt, stets seit Anbeginn der Welt die Quelle aller Handlungen und Unternehmungen, die man je unter Menschen beobachtet hat. Will man Gefühle, Neigungen und Lebensweise der Griechen und Römer kennenlernen, erforsche man gründlich Wesensart und Handlungen der Franzosen und Engländer: man wird sich kaum irren, wenn man auf jene die *meisten* Beobachtungen überträgt, die man bei diesen gemacht hat. Die Menschen sind zu allen Zeiten und an allen Orten so sehr die gleichen, daß uns die Geschichte auf diesem Gebiete nichts Neues oder Unvertrautes berichten kann. Ihr Hauptnutzen ist allein der, die bleibenden und allgemeinen Prinzipien der menschlichen Natur zu entdecken, indem sie die Menschen in den verschiedensten Umständen und Situationen zeigt und uns mit Material versieht, aus dem wir unsere Beobachtungen gewinnen und die gewöhnlichen Beweggründe menschlichen Handelns und Verhaltens kennenlernen können. Diese Berichte über Kriege, Intrigen, Parteienhader und Revolutionen sind so zahlreiche Sammlungen von Erfahrungstatsachen, aus denen der Politiker oder der Moralphilosoph die Prinzipien seiner Wissenschaft in gleicher Weise bildet, wie der Physiker oder Naturforscher mit dem Wesen von Pflanzen, Mineralien und anderen Dingen der Außenwelt durch entsprechende Versuche vertraut wird. Erde, Wasser und andere Elemente, die durch Aristoteles und Hippocrates untersucht wurden, sind denen, die gegenwärtig von uns untersucht werden, nicht ähnlicher, als die von Polybius und Tacitus beschriebenen Menschen denen sind, die jetzt die Welt regieren.

Brächte uns ein Reisender, der von einem fernen Lande zurückkehrte, Nachricht von Menschen, die gänzlich von den uns bekannten verschieden wären,

Menschen ohne jegliche Habgier, Ruhmsucht oder Rache, die nur an Freundschaft, Edelmut und Gemeinsinn Gefallen fänden, so würden wir an diesen Umständen sofort die Unwahrheit entdecken und ihn als Lügner erweisen, mit gleicher Gewißheit, als ob er seine Erzählung mit Geschichten von Kentauren und Drachen, Wundern und Ungeheuern vollgestopft hätte. Und zur Enthüllung seiner Geschichtsfälschung könnten wir kein überzeugenderes Argument anführen als den Nachweis, daß die einem Menschen zugeschriebenen Handlungen geradezu dem Naturlauf widersprechen und daß unter solchen Umständen keine menschlichen Beweggründe ihn jemals zu solchem Verhalten führen konnten. Die Wahrhaftigkeit des Quintus Curtius ist ebenso verdächtig, wenn er den übernatürlichen Mut Alexanders schildert, der diesen dazu trieb, als einzelner ganze Massen anzugreifen, wie wenn er dessen übernatürliche Stärke und Gewandtheit beschreibt, durch die er vermochte, ihnen standzuhalten. So bereitwillig und allgemein erkennen wir eine Gleichförmigkeit in den Beweggründen und Handlungen der Menschen ebenso an wie in den Vorgängen der Körper.

Hieraus erklärt sich auch der Nutzen einer in einem langen Leben, in vielfältigen Tätigkeiten und in mannigfachem Umgang erworbenen Erfahrung, um uns über die Prinzipien der menschlichen Natur zu belehren und sowohl unserer künftigen Lebensführung als auch unserem Denken die Richtung zu weisen. Mit Hilfe dieses Führers steigen wir auf zur Erkenntnis der Neigungen und Motive der Menschen auf Grund ihrer Handlungen, Ausdrucksweisen, ja sogar ihrer Gebärden und steigen dann wieder hinab zur Deutung ihrer Handlungen aus unserer Kenntnis ihrer Motive und Neigungen. Die aus einer Reihe von Erfahrungen aufgespeicherten allgemeinen Beobachtungen geben uns den Schlüssel zur menschlichen Natur und lehren uns, alle ihre Verwicklungen zu entwirren. Vorwände und Schein täuschen uns nicht mehr. Öffentliche Erklärungen gelten uns nur als Schönfärberei einer Sache, und wenn wir auch Tugend und Ehrbarkeit ihr eigenes Gewicht und Ansehen zugestehen, so ist doch jene vollkommene Uneigennützigkeit, die so oft vorgeschützt wird, nie bei der Masse und den Parteien, selten bei ihren Führern zu finden, ja kaum bei einzelnen, welchen Ranges oder Standes sie auch sein mögen. Gäbe es aber keine Gleichförmigkeit im menschlichen Handeln und wäre jede Erfahrung, die wir auf diese Weise gewännen, unrichtig und regelwidrig, dann wäre es unmöglich, irgendwelche allgemeinen Beobachtungen über die Menschheit zu sammeln; und keine, wie sorgfältig auch im Denken durchgearbeitete Erfahrung würde jemals von Nutzen sein. Aus welchem anderen Grunde ist der betagte Landwirt erfolgreicher in seinem Beruf als der junge Anfänger, als daß es eine gewisse Gleichförmigkeit in der Wirkungsweise von Sonne, Regen und Erde auf das Wachstum der Pflanzen gibt; und Erfahrung lehrt den alten Praktiker die Regeln, durch die diese Wirkungsweise beherrscht und gelenkt wird.

Wir dürfen jedoch nicht erwarten, daß diese Gleichförmigkeit menschlicher Handlungen solches Ausmaß erreicht, daß alle Menschen unter gleichen Umständen, ohne Berücksichtigung der Verschiedenheit der Charaktere, Vorurteile und Ansichten, stets genau in der gleichen Weise handeln werden. Solche Gleichförmigkeit in jeder Einzelheit gibt es nirgends in der Natur. Wir können im Gegenteil aus der beobachteten Vielfalt im Benehmen verschiedener Menschen eine größere Vielfalt von Grundsätzen bilden, die aber noch ein Maß an Gleichförmigkeit und Regelmäßigkeit voraussetzen.

Sind die Sitten der Menschen verschieden in verschiedenen Zeiten und Ländern? Aus ihnen lernen wir die große Macht von Gewohnheit und Erziehung, die den menschlichen Geist von Kindheit an bilden und ihn zu einem festen und sicheren Charakter formen. Sind Verhalten und Benehmen des einen Geschlechtes denen des anderen sehr unähnlich? Wir werden hierdurch mit den unterschiedlichen Charaktermerkmalen vertraut, welche die Natur den Geschlechtern verliehen hat und mit Beständigkeit und Regelmäßigkeit bewahrt. Sind die Handlungen derselben Person sehr verschieden in den verschiedenen Lebensstadien, von der Kindheit bis ins hohe Alter? Das gibt Gelegenheit zu vielen allgemeinen Betrachtungen über den allmählichen Wandel unserer Gefühle und Neigungen und die verschiedenen Grundsätze, die in den verschiedenen Lebensaltern der Menschen überwiegen. Selbst der jedem Individuum eigentümliche Charakter zeigt Gleichförmigkeit in seinem Wirken, denn anderenfalls könnte uns unsere Erkenntnis der Personen und unsere Beobachtung ihrer Lebensführung niemals über ihre Absichten unterrichten oder dazu dienen, unser Verhalten nach ihnen einzurichten.

Ich gebe zu, daß man Handlungen finden kann, die keine regelmäßige Verknüpfung mit irgendwelchen bekannten Motiven haben und Ausnahmen von allen Lebensregeln sind, die je zur Menschenführung aufgestellt wurden. Wollen wir aber gerne wissen, welches Urteil wir uns von solchen irregulären und außergewöhnlichen Handlungen bilden sollen, so mögen wir die Meinungen in Betracht ziehen, die man gemeinhin hinsichtlich solcher irregulären Ereignisse hat, die sich im Naturgeschehen und bei den Vorgängen an äußeren Gegenständen zeigen. Nicht alle Ursachen sind mit ihren Wirkungen in derselben Gleichförmigkeit verbunden. Ein Handwerker, der nur tote Materie bearbeitet, kann in seinem Vorhaben ebenso enttäuscht werden wie der Politiker, der das Verhalten einsichtiger und vernünftiger Wesen leitet.

Die große Menge, welche die Dinge nach ihrem ersten Anschein beurteilt, schreibt die Ungewißheit der Ereignisse einer solchen Ungewißheit in den Ursachen zu, die letztere oft ihre übliche Wirkung verfehlen läßt, auch wenn ihre Wirksamkeit auf kein Hindernis stößt. Philosophen jedoch, die beobachten, daß beinahe überall in der Natur eine unermeßliche Mannigfaltigkeit wegen ihrer Kleinheit oder Entlegenheit verborgener Kräfte und Prinzipien vorhanden ist, halten es zumindest für möglich, daß der Widerstreit in den Ereignissen nicht von irgendeiner Zufälligkeit in der Ursache herrührt, sondern von der geheimen Wirksamkeit konträrer Ursachen. Diese Möglichkeit wird durch weitere Beobachtung zur Gewißheit, wenn man bei genauer Prüfung feststellt, daß ein Widerstreit der Wirkungen stets einen Widerstreit der Ursachen verrät und aus ihrem beiderseitigen Gegensatze entsteht. Ein Bauer kann für das Stehenbleiben einer Wand- oder Taschenuhr keinen besseren Grund nennen als den, daß sie gewöhnlich nicht richtig geht; ein Mechaniker erkennt jedoch leicht, daß die gleiche Kraft in Feder oder Pendel stets den gleichen Einfluß auf die Räder hat, daß jedoch die gewohnte Wirkung vielleicht wegen eines Staubkörnchens, das die gesamte Bewegung anhält, ausbleibt. Aus der Beobachtung verschiedener Parallelfälle bilden die Philosophen den Grundsatz, daß die Verknüpfung zwischen allen Ursachen und Wirkungen gleichermaßen notwendig ist und daß ihre scheinbare Ungewißheit in einigen Fällen von dem geheimen Gegensatze konträrer Ursachen herrührt.

So z. B. im menschlichen Körper, wenn die üblichen Symptome von Gesundheit oder Krankheit unsere Erwartung täuschen, wenn Arzneien nicht mit ihrer gewohnten Kraft wirken, wenn irreguläre Ereignisse aus einer bestimmten Ursache folgen. Philosophen und Ärzte sind darüber nicht erstaunt, noch versuchen sie im allgemeinen, die Notwendigkeit und Gleichförmigkeit jener Prinzipien zu leugnen, durch die das animalische Leben gelenkt wird. Sie wissen, daß der menschliche Körper eine ungeheuer komplizierte Maschine ist; daß viele verborgene Kräfte in ihm stecken, die gänzlich über unser Begreifen gehen; daß er uns in seinen Verhaltensweisen oft sehr unbestimmt erscheinen muß; und daß deshalb die irregulären Ereignisse, die sich äußerlich zeigen, kein Beweis dafür sein können, daß die Naturgesetze nicht mit der größten Regelmäßigkeit in seinem inneren Prozeß und in seiner Lenkung befolgt werden.

Will der Philosoph konsequent sein, muß er die gleiche Begründung auf Handlungen und Willensakte vernünftiger Wesen anwenden. Die unregelmäßigsten und unerwartetsten Entschlüsse der Menschen können oft von denen verstanden werden, die jede Einzelheit ihres Charakters und ihrer Situation kennen. Ein dem Wesen nach liebenswürdiger Mensch gibt eine mürrische Antwort: er hat aber Zahnschmerzen oder nicht zu Mittag gegessen. Ein Dummkopf legt eine ungewöhnliche Heiterkeit in seinem Betragen an den Tag: ihm ist aber auch unerwartetes Glück begegnet. Doch selbst wenn eine Handlung, wie es manchmal der Fall ist, weder vom Handelnden selbst noch von anderen besonders begründet werden kann, wissen wir im allgemeinen, daß die menschlichen Charaktere in gewissem Grade unbeständig und unregelmäßig sind. Das ist gewissermaßen der gleichbleibende Charakter der Menschennatur, wenn er auch in besonderer Weise auf solche Menschen zutrifft, die keine feste Regel für ihr Verhalten haben, sich vielmehr in ununterbrochener Folge von Launen und Unbeständigkeit bewegen. Die inneren Prinzipien und Motive können, trotz dieser anscheinenden Unregelmäßigkeiten, gleichförmig wirksam sein, in gleicher Weise, wie man annimmt, daß

Wind, Regen, Wolken und andere Wetteränderungen von festen Gesetzen regiert werden, obwohl diese von menschlichem Scharfsinn und Forschen nicht leicht zu entdecken sind.

So zeigt sich nicht nur, daß der Zusammenhang zwischen Motiven und Willenshandlungen so regelmäßig und gleichförmig ist wie jener zwischen Ursache und Wirkung in irgendeinem Bereich der Natur, sondern auch, daß diese regelmäßige Verbindung allgemein unter den Menschen anerkannt und niemals, weder in Philosophie noch im alltäglichen Leben, umstritten worden ist. Da wir nun alle die Zukunft betreffenden Schlüsse aus früherer Erfahrung ziehen und folgern, daß Gegenstände immer verbunden sein werden, die wir bisher als stets miteinander verbunden angetroffen haben, mag es überflüssig scheinen, zu beweisen, daß diese beobachtete Gleichförmigkeit menschlicher Handlungen eine Quelle ist, aus der wir *Schlüsse* über das Handeln ziehen. Um aber das Argument noch in anderem Lichte zu zeigen, wollen wir auf dieses Thema noch kurz näher eingehen.

Die gegenseitige Abhängigkeit der Menschen ist in jeder Gemeinschaft so groß, daß kaum eine menschliche Handlung völlig auf sich beruht oder ohne Beziehung zu den Handlungen anderer ausgeführt wird, die erforderlich sind, damit die Handlung in allem der Absicht des Handelnden entspricht. Der ärmste, allein arbeitende Arbeiter erwartet zumindest den Schutz der Obrigkeit, der ihm den Genuß der Früchte seiner Arbeit sichert. Ebenso erwartet er, daß er – wenn er seine Ware zum Markt bringt und sie zum angemessenen Preis anbietet – Käufer finden und mit dem Erlös andere veranlassen kann, ihn mit den für seinen Lebensunterhalt erforderlichen Gütern zu versorgen. In dem Maße, wie die Menschen ihren Handel ausdehnen und sich ihr Verkehr mit anderen komplizierter gestaltet, umfassen ihre Unternehmungen eine immer größer werdende Vielfalt von Willenshandlungen, von denen sie – aus entsprechenden Beweggründen – ein Zusammenwirken mit ihren eigenen erwarten. Bei allen diesen Folgerungen treffen sie ihre Maßnahmen aus früherer Erfahrung, in gleicher Weise wie in ihren sich auf äußere Dinge beziehenden Gedankengängen, in dem festen Glauben, daß die Menschen, genauso wie die Elemente, in ihrem Verhalten dieselben bleiben werden, wie man sie immer erfahren hat. Ein Fabrikant verläßt sich für die Ausführung einer Arbeit ebenso auf die Arbeit seiner Angestellten wie auf die Werkzeuge, die er verwendet, und er wäre gleichermaßen erstaunt, wenn seine Erwartungen enttäuscht würden. Kurz, die an der Erfahrung orientierten Schlußfolgerungen und Denkakte, welche die Handlungen anderer betreffen, gehen so in das menschliche Leben ein, daß sie niemand wachen Sinnes auch nur einen Augenblick nicht anwendet. Haben wir deshalb nicht Grund zu der Behauptung, daß alle Menschen in der Lehre von der Notwendigkeit, entsprechend der vorher gegebenen Definition und Erklärung, stets einer Meinung waren?

Auch die Philosophen haben in diesem Punkte niemals eine Meinung vertreten, die von der dem Volke geläufigen abweicht. Denn abgesehen davon, daß beinahe jede Handlung in ihrem Leben diese Ansicht voraussetzt, gibt es nur wenige Bereiche der spekulativen Wissenschaften, für welche sie nicht wesentlich ist. Was würde aus der *Geschichte* werden, hätten wir nicht das Vertrauen in die Glaubwürdigkeit des Historikers, entsprechend der Erfahrung, die wir mit den Menschen gemacht haben? Wie könnte die *Politik* eine Wissenschaft sein, wenn Gesetze und Regierungsformen nicht einen gleichbleibenden Einfluß auf die Gesellschaft hätten? Wo wären die Grundlagen der *Ethik*, wenn bestimmte Charaktere nicht die sichere und entschiedene Kraft besäßen, bestimmte Gefühle hervorzubringen, und wenn diese Gefühle keinen nachhaltigen Einfluß auf Handlungen hätten? Und mit welchem Anspruch könnten wir unser *Kunsturteil* auf einen Dichter oder Literaten anwenden, wenn wir das Verhalten oder die Gefühle seiner handelnden Personen nicht entweder als natürlich oder unnatürlich für solche Charaktere und unter solchen Umständen erklären könnten? Es scheint demnach beinahe unmöglich, sich mit einer wie auch immer gearteten Wissenschaft oder Handlung näher zu befassen, ohne die Lehre von der Notwendigkeit und diese *Folgerung* aus den Motiven auf die Willenshandlungen, aus den Charakteren auf ihr Verhalten anzuerkennen.

In der Tat, wenn wir bedenken, wie trefflich *natürliche* und *moralische* Gewißheit zusammenhängen und nur eine einzige Begründungskette bilden, werden wir keine Bedenken haben, zuzugeben, daß sie gleicher Natur und aus den gleichen Prinzipien hergeleitet sind. Ein Gefangener, der weder Geld noch Einfluß hat, erkennt die Unmöglichkeit seiner Flucht ebenso, wenn er die Standhaftigkeit eines Gefängniswärters, wie wenn er die ihn umgebenden Mauern und Schranken betrachtet; und bei allen Befreiungsversuchen wird er lieber gegen Stein und Eisen der einen als gegen die unnachgiebige Natur des anderen arbeiten. Der gleiche Gefangene sieht, wenn er zum Richtplatz geführt wird, seinen Tod so gewiß voraus aus der Festigkeit und Pflichttreue seiner Wächter wie aus dem Wirken von Beil oder Rad. Sein Geist durchläuft eine bestimmte Reihe von Vorstellungen: die Weigerung der Soldaten, ihn entfliehen zu lassen; die Tätigkeit des Scharfrichters; die Trennung des Kopfes vom Rumpf; Verblutung, krampfhafte Zuckungen und Tod. Hier ist eine zusammenhängende Kette von natürlichen Ursachen und Willenshandlungen, doch bemerkt der Geist keinen Unterschied zwischen ihnen, wenn er von einem Glied zum anderen übergeht. Er ist des künftigen Ereignisses nicht minder gewiß, wie wenn er mit den dem Gedächtnis oder den Sinnen gegenwärtigen Dingen durch eine Reihe von Ursachen verknüpft wäre, die durch das zusammengekittet werden, was wir gerne *physische* Notwendigkeit nennen. Die gleiche durch Erfahrung bekannte Verbindung wirkt in gleicher Weise auf den Geist, ob nun die verbundenen Gegenstände Motive, Willensregungen und Handlungen oder Gestalt und Bewegung sind. Wir können die Namen der Dinge ändern; ihre Natur jedoch und ihre Einwirkung auf den Verstand ändern sich nie.

Käme ein Mann, den ich als ehrlich und wohlhabend kenne und mit dem ich in enger Freundschaft lebe, in mein Haus, wo ich von meinen Bediensteten umgeben bin, so bin ich sicher, daß er mich nicht, ehe er geht, erstechen wird, um mein Silberzeug zu rauben; ein solches Ereignis erwarte ich ebensowenig wie den Einsturz des neuen, solide gebauten und gegründeten Hauses selbst. *Er kann jedoch von plötzlichem und bisher unbekanntem Wahnsinn befallen worden sein.* So kann ein plötzliches Erdbeben entstehen, mein Haus erschüttern und über meinem Kopf zusammenfallen lassen. Ich werde also die Voraussetzungen ändern. Ich werde sagen, daß ich mit Gewißheit weiß, daß er seine Hand nicht ins Feuer legen und sie dort so lange halten wird, bis sie verbrannt ist. Das kann ich, wie ich meine, mit der gleichen Sicherheit voraussagen wie, daß er nicht einen Augenblick in der Luft schweben bliebe, wenn er sich aus dem Fenster stürzte und ihm kein Hindernis begegnete. Kein Verdacht unerkannten Wahnsinns kann dieses Ereignis, das so gegen alle bekannten Prinzipien der Menschennatur wäre, auch nur im geringsten als möglich erscheinen lassen. Ein Mann, der um die Mittagszeit seine goldgefüllte Börse auf dem Pflaster von Charing-Cross liegen läßt, kann ebensogut erwarten, daß sie fortfliegen wird wie eine Feder, als daß er sie unangetastet eine Stunde später wiederfinden wird. Über die Hälfte menschlicher Erwägungen erhalten Folgerungen gleicher Art, von höherem oder geringerem Gewißheitsgrade, je nach unserer Erfahrung vom üblichen Verhalten der Menschen in solchen besonderen Situationen[11].

Ich habe oft darüber nachgedacht, welchen Grund es möglicherweise haben könnte, daß die ganze Menschheit – obwohl sie stets ohne Zögern in Praxis und Theorie die Lehre von der Notwendigkeit anerkannt hat – doch solche Abneigung zeigt, sie ausdrücklich anzuerkennen, und sich zu allen Zeiten eher geneigt zeigte, sich zur gegenteiligen Meinung zu bekennen. Ich glaube, daß sich diese Tatsache folgendermaßen erklären läßt: Untersuchen wir die Wirkungsweise der Körper und die Hervorbringung von Wirkungen aus ihren Ursachen, so werden wir finden, daß alle unsere Fähigkeiten unsere Kenntnis dieser Beziehung niemals weiterführen können als zu der einfachen Beobachtung, daß bestimmte Gegenstände *allemal miteinander verbunden* sind, und daß der Geist durch einen *gewohnheitsmäßigen Übergang (customary transition)* vom Auftreten des einen zum Glauben an den anderen geführt wird. Obwohl nun dieser Schluß auf die menschliche Unwissenheit das Resultat sorgfältigster Prüfung dieser Sache ist, so ist bei den Menschen doch eine starke Neigung vorhanden, zu glauben, daß sie weiter in die Kräfte der Natur eindringen und so etwas wie einen notwendigen Zusammenhang von Ursache und Wirkung wahrnehmen. Richten sie dann wieder ihr Nachdenken auf die Wirkensweise ihres eigenen Geistes und *verspüren* sie eine solche Verknüpfung von Motiv und Handlung nicht, so nehmen sie leicht an, daß es einen Unterschied zwischen den Wirkungen materieller Kraft und jenen gäbe, die aus Denken und Verstand stammen. Sind wir aber einmal davon überzeugt, daß wir von jeglicher Verursachung nichts weiter kennen als lediglich die *durchgängige Verbindung* von Gegenständen und die hieraus im Geiste folgende *Herleitung* von einem auf das andere, und finden wir, daß diese beiden generell in Willenshandlungen vorhanden sind – dann wird es uns leichter fallen, dieselbe Notwendigkeit als allen Ursachen gemeinsam zuzugeben. Mag auch dieser Gedankengang den Systemen vieler Philosophen widersprechen, da er den Willensentscheidungen Notwendigkeit zuschreibt, so werden wir bei einiger Überlegung finden, daß sie davon nur in Worten und nicht in ihrer wirklichen Ansicht abweichen. Notwendigkeit, wie sie hier verstanden wird, ist – wie ich glaube – niemals von einem Philosophen verworfen worden, noch kann sie jemals verworfen werden. Nur könnte man vielleicht behaupten, daß der Geist in der Wirkungsweise des Materiellen noch eine weitere Verknüpfung zwischen Ursache und Wirkung erfaßt, eine Verknüpfung, die bei den Willensakten vernünftiger Wesen nicht stattfindet. Ob sich das nun so verhält oder nicht, kann sich nur durch eine Untersuchung zeigen, und diese Philosophen sind verpflichtet, ihre Behauptungen dadurch zu rechtfertigen, daß sie jene Notwendigkeit definieren oder beschreiben und sie uns in den Wirkungsweisen materieller Ursachen dartun.

Es scheint allerdings, daß die Menschen die Frage nach Freiheit und Notwendigkeit am falschen Ende anfassen, wenn sie mit einer Untersuchung der Seelenvermögen, dem Einflusse des Verstandes und der Wirkungsweise des Willens beginnen. Man sollte zunächst eine einfachere Frage erörtern, nämlich die der Wirkungsweisen des Körpers und der unvernünftigen

Materie, und versuchen, ob man dort eine Vorstellung von Ursächlichkeit und Notwendigkeit bilden kann, außer der einer durchgängigen Verbindung von Gegenständen und anschließender Herleitung des einen aus dem anderen im Geiste. Bilden jene Umstände in Wirklichkeit das Ganze jener Notwendigkeit, die wir an der Materie erfassen, und werden diese Umstände ebenfalls als generell in den Wirkungsweisen des Geistes vorhanden anerkannt, so ist der Streit beendet, zumindest muß er dann künftig als bloßer Wortstreit gelten. Solange wir aber voreilig annehmen, daß wir eine weiterreichende Vorstellung der Notwendigkeit und Ursächlichkeit in den Wirkungsweisen der Dinge der Außenwelt haben – während wir zugleich in den Willenshandlungen des Geistes nichts Weiterreichendes finden können –, gibt es keine Möglichkeit, die Frage zu einem bestimmten Ergebnis zu bringen, weil wir von einer so irrtümlichen Voraussetzung ausgehen. Die einzige Methode, dem Irrtum zu entgehen, ist die, weiter hinaufzusteigen, den engen Bereich der auf materielle Ursachen bezogenen Wissenschaft zu untersuchen und uns davon zu überzeugen, daß alles, was wir darüber wissen, die obenerwähnte durchgängige Verbindung und Herleitung ist. Es mag sich als schwierig erweisen, dem menschlichen Verstand so enge Grenzen zu setzen; aber wenn wir danach diese Lehre auf die Willenshandlungen anwenden, werden wir keine Schwierigkeit mehr haben. Denn da diese offenbar eine regelmäßige Verbindung mit Motiven, Umständen und Charaktereigenschaften haben und wir stets eines aus dem anderen folgern, sind wir gezwungen, jene Notwendigkeit ausdrücklich anzuerkennen, die wir bereits bei jeder Überlegung unseres Lebens und bei jedem Schritt in unserem Verhalten und Benehmen anerkannt haben*.

* Das Vorherrschen der Lehre von der Freiheit kann noch aus

Fahren wir aber in unserem die Frage von Freiheit und Notwendigkeit betreffenden versöhnlichen Vor-

einem anderen Grunde erklärt werden, nämlich aus einer falschen Wahrnehmung oder Scheinerfahrung, die wir von Freiheit oder Unentschiedenheit bei vielen unserer Handlungen haben oder haben können. Die Notwendigkeit einer Handlung in der materiellen oder geistigen Welt ist – genaugenommen – keine Eigenschaft in dem handelnden, sondern in einem denkenden oder vernünftigen Wesen, das diese Handlung betrachten mag; sie besteht hauptsächlich darin, daß unser Denken nicht anders kann, als die Existenz jener Handlung aus vorhergehenden Tatsachen zu folgern. Ebenso ist Freiheit, als das Gegenteil von Notwendigkeit, nur das Fehlen jener Determination und eine gewisse Unbestimmtheit oder Unentschiedenheit, die wir beim Fortschreiten oder Nichtfortschreiten von der Vorstellung eines Gegenstandes zu der eines folgenden empfinden. Wir können nun beobachten, wie – obgleich wir in der *Reflexion* auf menschliche Handlungen nur selten solche Unbestimmtheit oder Unentschiedenheit empfinden, sondern gewöhnlich in der Lage sind, sie mit ziemlicher Gewißheit aus den Motiven und Anlagen des Handelnden herzuleiten – dennoch häufig der Fall eintritt, daß wir bei *Ausführung* der Handlungen selbst etwas Derartiges verspüren; und da alle ähnlichen Dinge leicht miteinander verwechselt werden, hat dies als ein demonstrativer, ja sogar als intuitiver Beweis der menschlichen Freiheit gegolten. Wir fühlen, daß unsere Handlungen in den meisten Fällen unserem Willen untertan sind, und bilden uns ein, zu fühlen, daß der Wille selbst niemandem untertan ist, da wir – wenn uns seine Leugnung zu einer Probe herausfordert – verspüren, daß er sich leicht in jede Richtung wendet und ein Bild seiner selbst erzeugt (eine in der Schulphilosophie sogenannte *Velleïtät*), selbst dort, wo er schließlich nicht verweilt. Dieses Abbild oder diese schwache Bewegung hätte nun – so reden wir uns ein – in diesem Zeitpunkt zur Sache selbst werden können, weil – sofern man das leugnen wollte – wir bei einem erneuten Versuche finden, daß es gelingt. Wir bedenken nicht, daß der verstiegene Wunsch, Freiheit zu erweisen, das Motiv unserer Handlungen ist, und es scheint sicher, daß – wie sehr wir uns auch einbilden mögen, Freiheit in uns zu verspüren – ein Betrachter gewöhnlich unsere Taten aus unseren Motiven und Charakterzügen ableiten kann. Selbst wo er das nicht kann, folgert er im allgemeinen, daß er es vermöchte, wenn er nämlich gänzlich mit jeder Einzelheit unserer Lage, unseres Temperaments und den verborgensten Triebfedern unserer Natur und Veranlagung vertraut wäre. Das also ist, nach obiger Lehre, das wahre Wesen der Notwendigkeit.

haben fort, dieser strittigsten Frage der umstrittensten Wissenschaft, der Metaphysik, so bedarf es nicht vieler Worte, zu beweisen, daß die Menschheit allzeit sowohl in der Lehre von der Freiheit als auch in der von der Notwendigkeit einer Meinung war und daß der ganze Streit auch in dieser Hinsicht bisher ein bloßer Streit um Worte war. Denn was ist mit Freiheit in ihrer Bezogenheit auf Willenshandlungen gemeint? Sicherlich nicht, daß Handlungen so wenig Verknüpfung mit Motiven, Neigungen und Umständen haben, daß die eine nicht mit einem gewissen Grade von Gleichmäßigkeit aus der anderen folgt und daß die eine keinen Schluß auf die Existenz der anderen zuließe. Das sind augenscheinliche und anerkannte Tatsachen. Unter Freiheit können wir somit nur *eine Macht, zu handeln oder nicht zu handeln, entsprechend den Willensentscheidungen (a power of acting or not acting, according to the determinations of the will)*, verstehen; d. h., wollen wir uns ruhig verhalten, so können wir es; wollen wir uns bewegen, so können wir es auch. Diese bedingte Freiheit wird allgemein jedem zugestanden, der kein Gefangener ist und in Ketten liegt. Das ist unbestritten.

Welche Definition der Freiheit wir immer geben, so sollten wir zwei wichtige Umstände sorgfältig beachten: *erstens*, daß sie mit offensichtlichen Tatsachen übereinstimme; *zweitens*, daß sie in sich widerspruchslos sei. Beachten wir diese Umstände und geben wir eine verständliche Definition, bin ich überzeugt, daß alle Menschen in dieser Hinsicht einer Meinung sind.

Allgemein wird zugegeben, daß nichts ohne Grund existiert und der Zufall, bei genauer Prüfung, nur ein negativer Ausdruck ist und nicht eine irgendwo in der Natur vorhandene wirkliche Kraft meint. Es wird aber behauptet, daß einige Ursachen notwendig, einige nicht notwendig sind. Hier zeigt sich nun der Nutzen der

Definitionen. Man *definiere* eine Ursache, ohne als Teil der Definition einen *notwendigen Zusammenhang* mit ihrer Wirkung einzubeziehen, und man zeige deutlich den Ursprung der durch die Definition ausgedrückten Vorstellung – dann werde ich bereitwillig die ganze Kontroverse aufgeben. Wird aber die obengegebene Erklärung angenommen, muß das absolut undurchführbar sein. Wären die Dinge nicht regelmäßig untereinander verbunden, hätten wir nie einen Begriff von Ursache und Wirkung erlangt; und diese regelmäßige Verbindung erzeugt jene Ableitung durch den Verstand, welche die einzige von uns begreifbare Verknüpfung ist. Wer eine Definition der Ursache unter Außerachtlassung dieser Umstände versucht, wird sich gezwungen sehen, entweder unverständliche Ausdrücke zu verwenden oder solche, die gleichbedeutend mit dem zu definierenden Ausdruck sind*. Und wenn die obengegebene Definition zugestanden wird, ist Freiheit als Gegenteil von Notwendigkeit, nicht des Zwanges, dasselbe wie Zufall, der allgemein für nichtexistent gilt.

Zweiter Teil

Es gibt kein gebräuchlicheres und gleichzeitig verwerflicheres Verfahren, als in philosophischen Streitfragen zu versuchen, die Widerlegung einer Ansicht durch den Vorwand ihrer gefährlichen Folgen für Religion und

* Wird so Ursache definiert als *dasjenige, was etwas hervorbringt*, so bemerkt man leicht, daß *Hervorbringung* gleichbedeutend mit *Verursachung* ist. Ebenso verhält es sich, wenn man Ursache definiert als *das, dadurch etwas existiert*; denn was bedeutet das Wort *dadurch*? Hätte man gesagt, Ursache sei *das*, wonach *etwas ständig eintritt*, dann hätten wir diese Ausdrücke verstanden. Das ist in der Tat alles, was wir von der Sache wissen. Diese Beständigkeit bildet das wahre Wesen der Notwendigkeit, und wir haben keine andere Vorstellung von ihr.

Sittlichkeit zu erreichen. Wenn eine Meinung zu Ungereimtheiten führt, ist sie gewiß falsch; es ist aber nicht sicher, daß eine Meinung deshalb falsch ist, weil sie gefährliche Folgen hat. Solche Überlegungen sollten deshalb gänzlich vermieden werden, denn sie dienen nicht der Entdeckung der Wahrheit, sondern nur dazu, den Gegner verhaßt zu machen. Das stelle ich ganz allgemein fest, ohne Vorteile daraus ziehen zu wollen. Ich unterwerfe mich bereitwillig einer solchen Prüfung und wage zu behaupten, daß die vorhin dargelegten Lehren von Notwendigkeit und Freiheit nicht nur mit der Sittlichkeit übereinstimmen, sondern ihr eine wesentliche Stütze sind.

Notwendigkeit kann zweifach definiert werden, in Übereinstimmung mit den zwei Definitionen der *Ursache*, von der sie ein wesentlicher Bestandteil ist. Sie besteht entweder in der konstanten Verbindung gleicher Gegenstände oder in der Ableitung eines Gegenstandes aus dem anderen durch den Verstand. Nun hat man aber Notwendigkeit in diesen beiden Bedeutungen (die tatsächlich im Grunde dasselbe sind) allgemein, wenn auch stillschweigend, in den Schulen, auf der Kanzel und im alltäglichen Leben dem menschlichen Willen zugestanden, und niemand hat jemals zu leugnen versucht, daß wir Schlüsse bezüglich menschlicher Handlungen ziehen können und daß diese Schlüsse auf der erfahrungsgemäßen Verbindung gleicher Handlungen mit gleichen Motiven, Neigungen und Umständen beruhen. Der einzige Punkt, in dem jemand anderer Meinung sein könnte, wäre, daß er sich möglicherweise entweder sträuben wird, dieser Eigenschaft menschlichen Handelns den Namen Notwendigkeit zu geben – doch solange man seine Bedeutung versteht, kann das Wort, wie ich meine, keinen Schaden anrichten –, oder daß er es weiterhin für möglich halten wird, noch etwas mehr in den Wirkungsweisen der Materie zu entdecken. Das jedoch kann – wie man zugeben muß – keine Folgen für Sittlichkeit oder Religion haben, was es auch immer für Naturphilosophie oder Metaphysik bedeuten mag. Wir können uns hier in der Annahme irren, daß es keine Vorstellung einer anderen Notwendigkeit oder Verknüpfung in den Verhaltensweisen der Körper gibt; aber sicherlich schreiben wir den Tätigkeiten des Geistes nichts zu als das, was jedermann zugibt und zugeben muß. Hinsichtlich des Willens ändern wir nichts in dem übernommenen orthodoxen System, sondern nur bezüglich materieller Gegenstände und Ursachen. Nichts kann deshalb harmloser sein als diese Lehre.

Da alle Gesetze auf Lohn und Strafe gegründet sind, gilt als grundlegendes Prinzip, daß diese Motive einen regelmäßigen und gleichförmigen Einfluß auf den Geist haben, die guten Handlungen hervorrufen und die schlechten verhindern. Wir mögen diesem Einfluß einen beliebigen Namen geben: da er jedoch gewöhnlich mit der Handlung zusammenhängt, muß er als *Ursache* gelten und als ein Fall jener Notwendigkeit betrachtet werden, wie wir sie hier einführen wollen.

Der einzige gemäße Gegenstand von Haß oder Rache ist eine mit Denken und Bewußtsein begabte Person oder Kreatur; und wenn verbrecherische oder ungerechte Handlungen jene Leidenschaft erregen, so nur durch ihre Beziehung zu der Person oder die Verknüpfung mit ihr. Handlungen sind, ihrer eigensten Natur nach, zeitlich und vergänglich, und wo sie nicht ausgehen von irgendeiner *Ursache* in Charakter und Anlage der handelnden Person, können sie ihr weder zur Ehre, sofern sie gut sind, noch, wenn sie schlecht sind, zur Schande gereichen. Die Handlungen selbst mögen verwerflich sein, sie mögen wider alle Regeln der Sittlichkeit und Religion sein: dennoch ist die Person nicht für sie verantwortlich; und da sie aus nichts Dauerhaftem und Beständigem in ihr entstanden und nichts Derartiges hinterlassen, kann sie unmöglich ihretwegen Gegenstand von Strafe oder Vergeltung werden. Nach dem Prinzip, das die Notwendigkeit und folglich die Ursachen leugnet, ist somit ein Mensch, nachdem er das scheußlichste Verbrechen begangen hat, ebenso rein und makellos wie im ersten Augenblick seiner Geburt; auch sein Charakter hat mit seinen Handlungen in keiner Weise etwas zu tun, da diese ja nicht aus ihm entstehen, und die Verruchtheit der einen kann niemals als Beweis der Verderbtheit des anderen dienen.

Man tadelt Menschen nicht für Handlungen, die sie unwissend und zufällig begehen, welche Konsequenzen sie auch immer haben mögen. Weshalb? Doch wohl, weil die Prinzipien dieser Handlungen nur von momentaner Dauer sind und mit ihnen enden. Menschen werden weniger für solche Handlungen getadelt, die sie hastig und unüberlegt begehen als für wohlüberlegte. Aus welchem Grunde? Doch wohl, weil ein hitziges Temperament, obwohl eine konstante Ursache oder ein Prinzip der Seele, nur zeitweilig am Werke ist und nicht den ganzen Charakter ansteckt. Reue wiederum löscht jedes Verbrechen aus, wenn sie von einer Besserung des Lebens und der Sitten begleitet ist. Wie kann man das rechtfertigen? Doch wohl, indem man geltend macht, daß Handlungen einen Menschen nur soweit zum Verbrecher stempeln, wie sie Beweise verbrecherischer Prinzipien der Seele sind; und wenn sie, infolge einer Änderung dieser Prinzipien, ihre Beweiskraft verlieren, hören sie auch auf, verbrecherisch zu sein. Aber außer nach der Lehre von der Notwendigkeit waren sie niemals gültige Beweise und folglich auch nicht verbrecherisch.

Ebenso leicht läßt sich mit den gleichen Argumenten beweisen, daß *Freiheit* nach der obengegebenen und von allen Menschen zugegebenen Definition für die

Sittlichkeit ebenfalls wesentlich ist und daß, wo sie fehlt, keine menschlichen Handlungen moralische Qualitäten haben oder Gegenstand von Billigung oder Mißbilligung sein können. Da nämlich Handlungen nur insofern Gegenstand unseres moralischen Empfindens sind, als sie auf den inneren Charakter, auf Leidenschaften und Affekte verweisen, können sie unmöglich dort zu Lob oder Tadel Anlaß geben, wo sie nicht aus diesen Prinzipien hervorgehen, sondern insgesamt äußerer Gewalt entspringen.

Ich behaupte nicht, alle Einwände gegen diese Theorie der Notwendigkeit und Freiheit verhindert oder beseitigt zu haben. Andere Einwände, die nicht aus den hier behandelten Bereichen stammen, sind vorauszusehen. So kann man z. B. sagen, daß es, wenn Willenshandlungen denselben Gesetzen der Notwendigkeit unterliegen wie die Verhaltensweisen der Materie, eine fortlaufende Kette im voraus angeordneter und vorherbestimmter notwendiger Ursachen gibt, die von der ersten Ursache aller Dinge bis zu jeder einzelnen Willensregung jedes einzelnen Menschen reicht. Nirgendwo in der Welt Zufall; keine Unbestimmtheit; keine Freiheit. Als Handelnde sind wir zugleich Behandelte. Der letzte Urheber all unseres Wollens ist der Weltschöpfer, der erstmals Bewegung in diese ungeheure Maschinerie brachte und allem Seienden jene bestimmte Stelle anwies, aus der sich jedes folgende Ereignis mit unausweichlicher Notwendigkeit ergeben muß. Menschliche Handlungen können deshalb, da sie aus einer so guten Ursache stammen, überhaupt nicht sittlich verwerflich sein, oder aber sie müssen – wenn sie verwerflich sind – unseren Schöpfer in gleiche Schuld verstrikken, da er als ihre letzte Ursache, ihr Urheber, gilt. Denn wie ein Mensch, der eine Mine zündet, verantwortlich für alle Konsequenzen ist, mag die verwendete Zündschnur lang oder kurz sein, so ist – wo immer eine fortlaufende Kette notwendiger Ursachen gegeben ist – dasjenige endliche oder unendliche Wesen, das die erste Ursache hervorbringt, gleichermaßen der Urheber aller übrigen und muß sowohl Tadel wie Ruhm auf sich nehmen, die ihnen zukommen. Unsere klaren und unabänderlichen Moralbegriffe setzen diese Regel nach unanfechtbaren Gründen, wenn wir die Folgen einer menschlichen Handlung untersuchen, und diese Gründe müssen noch größeres Gewicht haben, wenn sie auf Wollen und Absicht eines unendlich weisen und mächtigen Wesens angewendet werden. Unwissenheit oder Unvermögen mögen ein so beschränktes Geschöpf wie den Menschen entschuldigen, aber in unserem Schöpfer haben solche Unvollkommenheiten keinen Ort. Er sah voraus, bestimmte und beabsichtigte alle jene menschlichen Handlungen, die wir so vorschnell verbrecherisch nennen; und deshalb müssen wir folgern, daß sie entweder nicht verbrecherisch sind oder daß Gott und nicht der Mensch für sie verantwortlich ist. Da aber jeder dieser Sätze absurd und gottlos ist, folgt daraus, daß die Lehre, der sie entstammen, unmöglich wahr sein kann, da sie ganz denselben Einwänden unterliegt. Eine absurde und doch notwendige Folgerung beweist die Absurdität der ihr zugrunde liegenden Lehre, in gleicher Weise wie verbrecherische Handlungen die erste Ursache verbrecherisch machen, wenn die Verknüpfung beider notwendig und unvermeidlich ist.

Dieser Einwand besteht aus zwei Teilen, die wir gesondert prüfen wollen: der *erste* besagt, daß menschliche Handlungen, wenn sie sich durch eine notwendige Verkettung auf die Gottheit zurückführen lassen, niemals verbrecherisch sein können, und zwar wegen der unendlichen Vollkommenheit jenes Wesens, aus dem sie stammen, in dessen Absicht nichts als Gutes und Lobenswertes liegen kann. Dem *zweiten* zufolge, wenn sie also verbrecherisch sind, müssen wir die der Gottheit beigelegten Eigenschaften der Vollkommenheit widerrufen und sie als den letzten Urheber von Schuld und moralischer Verworfenheit aller ihrer Geschöpfe ansehen.

Die Antwort auf den ersten Einwand scheint klar und überzeugend. Es gibt viele Philosophen, die nach genauer Prüfung aller Naturphänomene schließen, das Ganze (WHOLE) sei, als System betrachtet, in jeder Phase seiner Existenz vollkommen gut beschaffen, und schließlich werde allen Geschöpfen die größtmögliche Glückseligkeit, ohne Beimischung positiven oder absoluten Übels bzw. Elends, zuteil. Jedes physische Übel, sagen sie, ist ein wesentlicher Bestandteil dieses Systems der Güte und kann unmöglich beseitigt werden, nicht einmal durch die Gottheit selbst als ein weise handelndes Wesen, ohne größerem Übel Einlaß zu verschaffen oder ein größeres Gut, das sich daraus ergeben wird, auszuschließen. Aus dieser Theorie folgerten einige Philosophen, u. a. die antiken *Stoiker*, eine Lehre des Trostes in allem Leiden, indem sie ihre Schüler lehrten, daß die Übel, unter denen sie litten, in Wirklichkeit für das Universum Güter seien und daß für einen weiteren, das ganze Natursystem umfassenden Blick jedes Geschehen zum Gegenstand der Freude und des Lobpreises werde. Aber wie gefällig und erhaben diese Lehre auch ist, so erwies sie sich doch bald in der Praxis als schwach und unwirksam. Man würde sicherlich einen unter den quälenden Schmerzen der Gicht leidenden Menschen mehr reizen als beruhigen, wenn man ihm die Redlichkeit jener allgemeinen Gesetze predigte, welche die bösartigen Säfte in seinem Körper erzeugten und durch die entsprechenden Kanäle zu den Sehnen und Nerven leiteten, wo sie nun solche stechenden Qualen erregen. Dieser umfassende Aspekt kann für kurze Zeit die Phantasie eines spekulativen Menschen befriedigen, der in Ruhe und Sicherheit lebt; aber er kann sich nicht beständig in seinem Geiste halten selbst dann nicht, wenn er durch die Gefühle von Schmerz oder Leid nicht gestört wird; viel weniger noch kann er das Feld behaupten, wenn er durch solche mächtigen Gegenspieler attackiert wird. Die Gemütszustände bringen eine nähere und natürlichere Auffassung ihres Gegenstandes mit sich; sie betreffen, infolge einer der Schwäche des Menschengeistes gemäßeren Einrichtung, allein uns umgebende Dinge und werden durch solche Ereignisse ausgelöst, die in dem System des einzelnen gut oder böse erscheinen[12].

Mit dem *moralischen* Übel ist das gleiche der Fall wie mit dem *physischen*. Man kann vernünftigerweise nicht annehmen, daß solche entlegenen Erwägungen, die so geringe Wirkung auf das eine zeigen, auf das andere einen mächtigeren Einfluß haben werden. Der Menschengeist ist von Natur aus so beschaffen, daß er beim Auftreten bestimmter Eigenschaften, Anlagen und Handlungen sofort das Gefühl der Billigung oder des Tadels empfindet; keine Gemütsbewegung ist wesentlicher mit seiner Struktur und Konstitution verbunden. Die unseren Beifall auslösenden Eigenschaften sind in der Hauptsache solche, die zu Frieden und Sicherheit der menschlichen Gesellschaft beitragen, wie die Tadel hervorrufenden Eigenschaften hauptsächlich die auf öffentlichen Schaden und Beunruhigung gerichteten sind. Hieraus läßt sich vernünftigerweise annehmen, daß das moralische Empfinden mittelbar oder unmittelbar einer Reflexion auf diese widerstreitenden Interessen entspringt. Was bedeutet es dagegen schon, wenn philosophische Erwägungen zu einer abweichenden Meinung oder Vermutung führen, daß alles recht sei in bezug auf das Ganze (WHOLE) und daß die Eigenschaften, welche die Gesellschaft stören, im ganzen ebenso wohltätig und der ursprünglichen Absicht der Natur ebenso gemäß seien wie jene, die Glück und

Wohlfahrt der Gesellschaft direkter fördern? Sind solche abwegigen oder unsicheren Überlegungen fähig, die Empfindungen aufzuwiegen, die aus der natürlichen und unmittelbaren Anschauung der Gegenstände entstehen? Fühlt ein Mensch, dem man eine beträchtliche Geldsumme geraubt hat, seinen Ärger über den Verlust irgendwie durch solche feinen Erwägungen verringert? Weshalb sollte dann seine moralische Entrüstung über das Verbrechen damit unvereinbar sein? Oder weshalb sollte nicht die Anerkennung eines wirklichen Unterschiedes zwischen Laster und Tugend mit allen spekulativen Systemen der Philosophie ebenso vereinbar sein wie die eines wirklichen Unterschiedes zwischen Schönheit und Häßlichkeit einer Person? Beide Unterscheidungen haben ihren Grund in den natürlichen Empfindungen des Menschengeistes, und diese Empfindungen können nicht durch eine wie auch immer beschaffene philosophische Theorie oder Spekulation geleitet oder geändert werden.

Der *zweite* Einwand läßt keine so leichte und befriedigende Antwort zu, und es ist auch nicht möglich, genau zu erklären, wie die Gottheit die mittelbare Ursache aller menschlichen Handlungen sein kann, ohne der Urheber von Sünde und sittlicher Verworfenheit zu sein. Das sind Geheimnisse, zu deren Behandlung die bloß natürliche und auf sich selbst gestellte Vernunft sehr ungeeignet ist, und nach welchem System sie auch greift: sie wird sich hier mit jedem Schritt in unentwirrbare Schwierigkeiten, ja Widersprüche verwickelt finden. Die Unbestimmtheit und Zufälligkeit menschlichen Handelns mit der göttlichen Vorsehung in Einklang zu bringen oder absolute Ratschlüsse zu verteidigen und dennoch die Gottheit davon freizuhalten, Urheber der Sünde zu sein, hat sich bisher noch als alle Macht der Philosophie übersteigend herausgestellt. Sie kann sich glücklich schätzen, wenn sie so ihrer Verwegenheit gewahr wird, diese erhabenen Geheimnisse erforschen zu wollen, und wenn sie ein Gebiet verläßt, das so voll Dunkelheit und Verwirrung ist, um mit angemessener Bescheidenheit in ihren wahren und eigentlichen Bereich zurückzukehren: zur Erforschung des alltäglichen Lebens, wo sie für ihre Untersuchungen genug Schwierigkeiten finden wird, ohne auf ein so grenzenloses Meer von Zweifel, Ungewißheit und Widersprüchlichkeit hinauszufahren.

NEUNTER ABSCHNITT

Über die Vernunft der Tiere

Alle unsere Urteile über Tatsachen sind in einer Art Analogie (ANALOGY) begründet, die uns veranlaßt, von einer Ursache dieselben Ereignisse zu erwarten, von denen wir beobachtet haben, daß sie aus ähnlichen Ursachen entstanden sind. Wo die Ursachen völlig gleich sind, ist die Analogie vollkommen, und die daraus gezogene Folgerung wird als sicher und schlüssig angesehen. Niemand, der ein Stück Eisen sieht, zweifelt daran, daß es Gewicht und Kohäsion der Teile haben wird, wie in allen anderen Fällen, die seiner Beobachtung unterlagen. Wo jedoch die Gegenstände nicht ganz so gleichartig sind, ist die Analogie weniger vollkommen und die Folgerung weniger schlüssig, obgleich sie – im Verhältnis zum Grade der Gleichartigkeit und Ähnlichkeit – immer noch einige Kraft hat. Die an einem Tier gemachten anatomischen Beobachtungen werden durch diese Art des Urteilens auf alle Tiere ausgedehnt, und es ist gewiß, daß, wenn z. B. klar erwiesen ist, daß es einen Blutkreislauf bei einem Geschöpf wie dem Frosch oder Fisch gibt, die Vermutung naheliegt, daß das gleiche Prinzip bei allen gilt. Diese Analogiebeobachtungen können weitergeführt werden, selbst bis zu der Wissenschaft, die wir nun behandeln. Jede Theorie, mittels deren wir die Verstandestätigkeit oder Ursprung und Zusammenhang der menschlichen Leidenschaften erklären, wird mehr Ansehen gewinnen, wenn wir finden, daß die gleiche Theorie zur Erklärung derselben Phänomene bei allen anderen Lebewesen dient.

Wir wollen diesen Versuch machen mit der Hypothese, mittels deren wir in der obigen Erörterung alle Erfahrungsschlüsse zu erklären versucht haben, und es bleibt zu hoffen, daß dieser neue Gesichtspunkt der Bestätigung unserer gesamten früheren Beobachtungen dienen wird.

Erstens scheint es offensichtlich, daß Tiere wie Menschen vieles aus Erfahrung lernen und schließen, daß die gleichen Ereignisse stets aus den gleichen Ursachen folgen. Durch dieses Prinzip werden sie mit den augenfälligen Eigenschaften der äußeren Dinge bekannt und sammeln allmählich, von Geburt an, einen Schatz von Kenntnissen über die Natur des Feuers, Wassers, der Erde, Steine, Höhen, Tiefen usw. und über die Wirkungen, die von diesen ausgehen. Unwissenheit und Unerfahrenheit der Jungen sind dabei deutlich von Geschicklichkeit und Klugheit der Alten zu unterscheiden, die durch lange Beobachtung gelernt haben, das Schädliche zu vermeiden und nach dem Nützlichen oder Angenehmen zu trachten. Ein mit der Rennbahn vertrautes Pferd wird mit der Höhe bekannt, die es überspringen kann und wird nichts versuchen, was seine Kraft und Fähigkeit übersteigt. Ein alter Windhund wird den ermüdenderen Teil der Jagd den jüngeren überlassen und sich so placieren, daß er den Hasen faßt, wo er Haken schlägt. Seine Vermutungen beruhen bei solchem Anlaß ausschließlich auf seiner Beobachtung und Erfahrung.

Das wird noch deutlicher aus den Wirkungen der Abrichtung und Erziehung von Tieren, denen man bei entsprechender Anwendung von Lohn und Strafe alles und ihren natürlichen Instinkten und Neigungen sehr Entgegengesetztes beibringen kann. Ist es nicht Erfahrung, die einen Hund Schmerz fürchten läßt, wenn man ihm droht oder die Peitsche zum Schlag erhebt? Ist es nicht gleichfalls Erfahrung, was ihn auf seinen Namen hören und aus einem solchen willkürlichen Klang schließen läßt, daß man ihn und nicht einen seiner Gefährten meint und daß man ihn rufen will, wenn man diesen Namen in einer gewissen Weise und in bestimmtem Tonfall und Akzentuierung ausspricht?

Wir können in allen diesen Fällen beobachten, daß das Tier eine über das, was seine Sinne unmittelbar trifft, hinausgehende Tatsache herleitet und daß diese Herleitung durchweg auf früherer Erfahrung beruht, wonach das Geschöpf von demselben Gegenstand dieselben Folgen erwartet, die es stets als aus gleichartigen Gegenständen folgend beobachtet hat.

Zweitens ist es unmöglich, daß diese Folgerung des Tieres auf einem Vernunftschluß beruhen kann, wonach es schließt, daß gleiche Ereignisse aus gleichen Gegenständen folgen müssen und daß der Naturprozeß stets regelmäßig verlaufen wird. Gäbe es wirklich Argumente dieser Art, so lägen sie gewiß zu verborgen für die Beobachtung eines so unvollkommenen Verstandes, da schon die äußerste Sorgfalt und Aufmerksamkeit eines philosophischen Geistes nötig ist, sie zu entdecken und zu beobachten. Tiere werden somit bei diesen Herleitungen nicht durch Vernunft gelenkt, ebensowenig die Kinder, ebensowenig die Mehrzahl der Menschen in ihren gewöhnlichen Handlungen und Folgerungen noch selbst Philosophen, die sich in ihrer Lebenspraxis im allgemeinen wie das gewöhnliche Volk verhalten und von den gleichen Grundsätzen geleitet werden. Die Natur muß für ein anderes Prinzip gesorgt haben, das leichter und allgemeiner zu handhaben und anzuwenden ist. Zudem kann ein Verfahren von so ungeheurer Tragweite für das Leben, wie die Herleitung der Wirkungen aus den Ursachen, nicht dem unsicheren Prozeß der logischen Argumentation anvertraut werden. Wäre dies mit Bezug auf die Menschen zweifelhaft, so scheint es fraglos bei den tierischen Geschöpfen der Fall. Ist dieser Schluß aber einmal für den einen Fall gesichert, so können wir – nach allen Regeln der Analogie – stark vermuten, daß er allgemein, ohne Ausnahme oder Vorbehalt, anerkannt werden sollte. Gewohnheit allein bestimmt die Tiere, von jedem Gegenstand, der ihren Sinnen begegnet, auf seine übliche Begleiterscheinung zu schließen, und sie bringt ihre Einbildungskraft dazu, aus der Erscheinung des einen das andere vorzustellen, in jener besonderen Weise, die wir *Glauben* nennen. Keine andere Erklärung kann für dieses Verhalten gegeben werden, weder bei den höheren noch bei den niederen Klassen empfindungsfähiger Wesen, soweit sie unserer Kenntnis und Beobachtung zugänglich sind*.

* Da alle Urteile über Tatsachen oder Ursachen einzig aus der Gewohnheit stammen, kann man fragen, wie es kommt, daß die Menschen in ihrem Urteil so sehr die Tiere übertreffen und ein Mensch so sehr einen anderen übertrifft? Übt nicht dieselbe Gewohnheit denselben Einfluß auf alle aus?

Wir werden hier in Kürze versuchen, den großen Unterschied zwischen den Verstandesgaben der Menschen zu erklären; danach wird der Grund des Unterschiedes zwischen Menschen und Tieren leicht zu begreifen sein.

1. Wenn wir einige Zeit gelebt und uns an die Gleichförmigkeit der Natur gewöhnt haben, erlangen wir eine allgemeine Einstellung, stets das Bekannte auf das Unbekannte zu übertragen und uns das letztere als dem ersten ähnlich zu denken. Mittels dieses allgemeinen Gewohnheitsprinzips betrachten wir bereits eine einzige Erfahrung als Grundlage des Urteils und erwarten mit einigem Grad von Gewißheit ein ähnliches Ereignis, wo die Erfahrung sorgfältig und frei von fremden Begleiterscheinungen gemacht wurde. Es wird daher als sehr wichtig erachtet, die Folgen der Dinge zu beobachten; und da ein Mensch den anderen in Aufmerksamkeit, Gedächtnis und Beobachtungsgabe sehr weit übertreffen kann, wird das einen großen Unterschied in ihrem Urteil ausmachen.
2. Wo mehrere Ursachen an der Hervorbringung einer Wirkung beteiligt sind, kann ein Geist viel umfassender sein als ein anderer und mehr in der Lage, den Gesamtzusammenhang der Gegenstände zu begreifen und daraus die richtigen Schlüsse zu ziehen.

Aber obwohl die Tiere einen großen Teil ihrer Kenntnis aus der Beobachtung erlernen, gibt es doch noch einen anderen großen Teil, den sie aus der Hand der Natur ursprünglich empfangen, der bei weitem ihre gewöhnlichen Fähigkeiten übersteigt und worin sie auch durch die längste Übung und Erfahrung nur geringe oder gar keine Fortschritte machen. Wir bezeichnen das als Instinkt und bewundern es gerne als etwas ganz Außerordentliches und durch keine Untersuchung des menschlichen Verstandes Erklärbares. Aber unser Staunen wird vielleicht aufhören oder nachlassen, wenn wir bedenken, daß unser Folgern aus der Erfahrung, das wir mit den Tieren gemein haben und von dem die ganze Lebensführung abhängt, selbst nichts anderes ist als eine Art Instinkt oder mechanische Kraft,

3. Der eine kann eine Kette von Folgerungen weiter verfolgen als ein anderer.
4. Nur wenige Menschen können lange nachdenken, ohne in eine Verwirrung ihrer Vorstellungen zu geraten und die eine mit der anderen zu verwechseln, und es gibt verschiedene Grade dieser Schwäche.
5. Der Umstand, von dem die Wirkung abhängt, ist häufig mit anderen fremden und äußeren Umständen verquickt. Seine Abtrennung erfordert große Aufmerksamkeit, Genauigkeit und Scharfsinn.
6. Die Formulierung allgemeiner Grundsätze aus besonderer Beobachtung ist eine sehr heikle Arbeit, und nichts ist üblicher, als aus Hast oder geistiger Enge, die nicht alle Seiten betrachtet, hierbei Fehler zu machen.
7. Wo wir aus Analogien folgern, wird derjenige, der die größere Erfahrung oder die größere Gewandtheit im Vorbringen von Analogien hat, der bessere Denker sein.
8. Eingenommenheit durch Vorurteile, Erziehung, Leidenschaft, Partei usw. haften dem einen Geist mehr an als einem anderen.
9. Nachdem wir Vertrauen zu menschlichem Zeugnis gewonnen haben, erweitern Bücher und Gespräche den Umkreis von Erfahrung und Denken bei dem einen viel mehr als bei dem anderen.

Es wäre leicht, noch viele andere Tatsachen zu entdecken, die einen Unterschied in den Verstandesgaben der Menschen ausmachen[13].

die – uns selbst unbekannt – in uns wirkt und in ihren Hauptfunktionen nicht von solchen Beziehungen oder Vergleichungen von Vorstellungen geleitet wird, die den eigentlichen Gegenstand unserer geistigen Tätigkeiten ausmachen. Mögen auch die Instinkte verschieden sein, so ist es dennoch ein Instinkt, der einen Menschen lehrt, das Feuer zu meiden, ebenso wie der, welcher einen Vogel mit solcher Genauigkeit die Fertigkeit des Brütens lehrt und die ganze Einrichtung und Ordnung der Brutpflege.

ZEHNTER ABSCHNITT

Über Wunder

Erster Teil

In Dr. Tillotsons[14] Schriften findet sich ein Argument gegen die *leibhaftige Gegenwart*[15], das so bündig, fein und beweiskräftig ist, wie man es nur von einem Argument gegen eine Lehre erwarten kann, die so wenig einer ernsthaften Widerlegung wert ist. Es wird allerseits anerkannt, so sagt jener gelehrte Prälat, daß die Autorität der Schrift oder Überlieferung sich ausschließlich auf das Zeugnis der Apostel gründet, die Augenzeugen jener Wunder unseres Erlösers waren, durch welche er den Beweis seiner göttlichen Sendung erbrachte. Somit ist unsere Evidenz für die Wahrheit der *christlichen* Religion geringer als die Evidenz der Wahrheit unserer Sinneswahrnehmung, weil sie sogar bei den ersten Stiftern unserer Religion nicht größer war; offensichtlich mußte sie aber beim Übergang von ihnen auf ihre Schüler noch schwächer werden. Niemand kann solches Vertrauen in ihr Zeugnis setzen wie in den unmittelbaren Gegenstand seiner Sinne. Eine schwächere Evidenz kann jedoch niemals eine stärkere zerstören. Wäre deshalb die Lehre von der leibhaftigen Gegenwart auch noch so klar in der Schrift offenbart, so widerspräche es doch den Regeln folgerichtigen Denkens, ihr zuzustimmen. Sie widerspricht den Sinnen, obwohl Schrift und Überlieferung, auf welche sie sich angeblich stützt, nicht solche Evidenz haben wie die Sinne – wenn man jenen bloß äußere Evidenz zuschreibt und sie nicht durch unmittelbare Wirkkraft des Hl. Geistes in jedes Menschen Brust wohnen läßt.

Nichts ist so brauchbar wie ein durchschlagendes Argument dieser Art, das wenigstens die äußerst anmaßende Frömmelei und den Aberglauben zum *Schweigen* bringt und uns von ihrem unverschämten Verlangen befreien muß. Ich schmeichle mir, ein gleichartiges Argument entdeckt zu haben, das, wenn es richtig ist, für die Wissenden und Gelehrten ein bleibendes Hindernis gegen jede Art abergläubischer Verblendung ist und somit von Nutzen sein wird, solange die Welt besteht; denn ich nehme an, daß so lange Berichte über Wunder und Unglaubliches in aller Geschichte, Heils- wie Weltgeschichte, zu finden sein werden.

Wenn auch Erfahrung die einzige Führerin unseres Urteils über Tatsachen ist, muß man zugeben, daß diese Führerin nicht völlig unfehlbar ist, sondern uns bisweilen in Irrtümer führen kann. Jemand, der in unserem Klima in einer Juniwoche besseres Wetter als in einer Dezemberwoche erwartet, würde so richtig und in Übereinstimmung mit der Erfahrung urteilen; sicherlich kann es aber vorkommen, daß sich das am Ende als Irrtum herausstellt. Wir sollten jedoch beachten, daß er in einem solchen Falle keinen Grund hätte, sich über die Erfahrung zu beklagen, denn sie macht uns gewöhnlich im voraus mit dieser Ungewißheit bekannt, durch den Widerstreit von Ereignissen, den uns sorgfältige Beobachtung lehren kann. Nicht alle Wirkungen folgen mit gleicher Gewißheit aus ihren angeblichen Ursachen. Bei einigen Ereignissen hat es sich überall und zu allen Zeiten gezeigt, daß sie beständig in Verbindung stehen; andere zeigten sich als veränderlicher und manchmal unsere Erwartungen enttäuschend, so daß es in unserem Urteil über Tatsachen alle rdenklichen Grade der Sicherheit gibt: von der höchten Gewißheit bis zur niedersten Art moralischer Evidenz.

Ein kluger Mensch richtet sich in seinem Glauben deshalb nach der Evidenz. In Folgerungen, die auf einer untrüglichen Erfahrung beruhen, erwartet er das Ereignis mit höchstem Gewißheitsgrade und betrachtet seine vorgängige Erfahrung als vollen *Beweis* für das künftige Eintreffen des Ereignisses. In anderen Fällen verfährt er vorsichtiger: er wägt die entgegengesetzten Erfahrungen und überlegt, welche die größere Anzahl von Erfahrungstatsachen hat; dieser Seite neigt er zweifelnd und zögernd zu. Und wenn er endlich sein Urteil fällt, geht dessen Evidenz nicht über das hinaus, was wir im eigentlichen Sinne *Wahrscheinlichkeit (probability)* nennen. Alle Wahrscheinlichkeit setzt also einen Gegensatz von Erfahrungstatsachen und Beobachtungen voraus, wobei sich zeigt, daß die eine Seite die andere überwiegt und einen diesem Überwiegen entsprechenden Grad der Evidenz erzeugt. Hundert Fälle oder Erfahrungstatsachen auf einer Seite und fünfzig auf der anderen lassen die Erwartung des Ereignisses zweifelhaft erscheinen, während hundert gleichartige Erfahrungstatsachen mit nur einer entgegengesetzten verständlicherweise einen recht starken Gewißheitsgrad erzeugen. In allen Fällen müssen wir die entgegengesetzten Erfahrungstatsachen – sofern sie entgegengesetzt sind – gegeneinander abwägen und die kleinere Anzahl von der größeren abziehen, um genau die Stärke der höheren Evidenz zu erkennen.

Wenden wir diese Prinzipien auf einen besonderen Fall an, so können wir beobachten, daß keine Art des Urteilens verbreiteter, nützlicher, ja so notwendig für das Menschenleben ist wie die aus dem Zeugnis von Menschen, den Berichten von Augenzeugen und Beobachtern hergeleitete. Vielleicht kann man bestreiten, daß diese Art des Urteilens auf der Beziehung von Ursache und Wirkung beruht. Ich streite nicht um ein Wort. Es genügt die Bemerkung, daß unsere Gewißheit in jedem derartigen Argument aus keinem anderen Prinzip stammt als aus unserer Beobachtung der Wahrhaftigkeit menschlichen Zeugnisses und der gewöhnlichen Übereinstimmung der Tatsachen mit den Berichten der Zeugen. Da es ein allgemeiner Grundsatz ist, daß keine Gegenstände eine sichtliche Verknüpfung miteinander haben und daß alle Folgerungen, die wir aus einem auf den anderen ableiten können, nur in unserer Erfahrung ihrer ständigen und regelmäßigen Verbindung begründet sind, so ist offensichtlich, daß wir von diesem Grundsatz keine Ausnahme zugunsten menschlichen Zeugnisses machen sollten, dessen Verknüpfung mit irgendeinem Ereignis an sich ebensowenig notwendig ist wie irgendeine andere. Wäre nicht das Gedächtnis bis zu einem gewissen Grade zuverlässig, neigten die Menschen nicht gewöhnlich zur Wahrheit und zum Prinzip der Rechtschaffenheit, schämten sie sich nicht, wenn sie bei einer Lüge ertappt werden – wäre das nicht, wie gesagt, durch *Erfahrung* als Eigenschaften der menschlichen Natur entdeckt, dann würden wir niemals auch nur das mindeste Vertrauen in menschliches Zeugnis setzen. Ein Wahnsinniger oder ein als lügnerisch und niederträchtig bekannter Mensch genießt bei uns keinerlei Glaubwürdigkeit.

So, wie die von Zeugen und menschlicher Aussage stammende Evidenz auf früherer Erfahrung beruht, ändert sie sich mit der Erfahrung und wird entweder als *Beweis* oder als *Wahrscheinlichkeit* betrachtet, je nachdem die Verbindung zwischen einer bestimmten Art des Berichtes und einer Art von Gegenständen sich als beständig oder als veränderlich erwiesen hat. Eine ganze Anzahl von Umständen muß bei allen Urteilen dieser Art berücksichtigt werden, und der oberste

Maßstab, nach dem wir alle Dispute, die darüber entstehen können, entscheiden, wird stets aus Erfahrung und Beobachtung hergeleitet. Wo diese Erfahrung auf einer Seite nicht völlig gleichförmig ist, ergibt sich ein unvermeidlicher Widerspruch in unseren Urteilen, mit demselben Gegensatz und der gegenseitigen Zerstörung von Argumenten wie in jeder anderen Art von Evidenz. Wir zögern oft fremden Berichten gegenüber. Wir wägen die gegensätzlichen Umstände, die Zweifel oder Unsicherheit verursachen, und wenn wir die Überlegenheit einer Seite entdecken, neigen wir ihr zu: doch immerhin mit einer Verringerung der Gewißheit, entsprechend der Kraft der Gegenseite.

Dieser Widerstreit in der Evidenz läßt sich im vorliegenden Falle aus verschiedenen Ursachen herleiten: aus dem Widerspruch entgegengesetzter Zeugnisse; aus Charakter oder Zahl der Zeugen; aus der Art, wie sie ihr Zeugnis mitteilen, oder aus der Verbindung aller dieser Zeugnisse. Wir hegen Verdacht gegen eine Tatsache, wenn sich die Zeugen widersprechen; wenn ihrer nur wenige oder sie von zweifelhaftem Charakter sind; wenn sie Nutzen von ihrer Aussage haben; wenn sie ihre Zeugenaussage zögernd oder – im Gegenteil – mit zu heftigen Beteuerungen machen. Es gibt noch viele andere Einzelheiten gleicher Art, welche die Kraft eines aus menschlichem Zeugnis stammenden Argumentes verringern oder zerstören können.

Angenommen z. B., die Tatsache, die das Zeugnis festzustellen versucht, gehöre in den Bereich des Außerordentlichen und Wunderbaren. In solchem Falle unterliegt die aus dem Zeugnis stammende Evidenz einer größeren oder geringeren Schmälerung, je nachdem die Tatsache mehr oder weniger ungewöhnlich ist. Der Grund, weshalb wir überhaupt Vertrauen in Zeugen und Historiker setzen, beruht nicht auf einem *a priori* erfaßten *Zusammenhang* zwischen Zeugnis und

Wirklichkeit, sondern darauf, daß wir es gewohnt sind, eine Übereinstimmung zwischen ihnen zu finden. Ist jedoch die bezeugte Tatsache eine selten beobachtete, dann liegt hier ein Widerstreit zweier entgegengesetzter Erfahrungen vor, von denen die eine die andere zerstört – soweit das in ihrer Kraft steht –, und die überlegene kann nur mit der ihr bleibenden Kraft auf den Geist einwirken. Der gleiche Erfahrungsgrundsatz, der uns einen bestimmten Gewißheitsgrad hinsichtlich der Zeugenaussagen gibt, liefert uns auch in diesem Falle einen anderen Gewißheitsgrad gegen die Tatsache, die sie festzustellen trachten. Aus diesem Widerspruch entsteht notwendig ein Gegengewicht und eine wechselseitige Aufhebung des Glaubens und der Autorität.

Ich würde diese Geschichte nicht glauben, selbst wenn Cato sie mir erzählt hätte, war in Rom eine sprichwörtliche Redensart, schon zu Lebzeiten dieses philosophischen Patrioten*. Man gab zu, daß die Unglaubwürdigkeit einer Tatsache selbst eine so große Autorität entkräften könne.

Der indische Prinz, der es ablehnte, den ersten Berichten über die Auswirkungen des Frostes zu glauben, dachte ganz richtig; und es bedurfte natürlicherweise schwerwiegender Zeugnisse, um seine Anerkennung von Tatsachen zu gewinnen, die aus einem ihm unbekannten Naturzustand stammten und so geringe Ähnlichkeit mit solchen Ereignissen hatten, von denen er eine ständige und gleichbleibende Erfahrung gehabt hatte. Obwohl sie seiner Erfahrung nicht widersprachen, stimmten sie doch auch nicht mit ihr überein**[16].

* Plutarch in Vita Catonis Min. 19.

** Kein Inder könnte offenbar Erfahrung davon haben, daß Wasser in kaltem Klima nicht gefriert. Das heißt für ihn, die Natur in eine ihm gänzlich unbekannte Situation bringen, und es ist ihm unmöglich, *a priori* zu sagen, was daraus folgen wird. Es ist

Um aber die Wahrscheinlichkeit gegen das Zeugnis der Augenzeugen zu vergrößern, wollen wir annehmen, die von ihnen behauptete Tatsache sei nicht nur erstaunlich, sondern wirklich wunderbar; und wir wollen ebenfalls annehmen, daß das Zeugnis, für sich und an sich genommen, einen vollen Beweis liefere. In solchem Falle steht Beweis gegen Beweis, und der stärkere müßte überwiegen, aber mit einer – im Verhältnis zu der des Gegners – geringeren Kraft.

Ein Wunder ist eine Verletzung der Naturgesetze, und da eine feste und unabänderliche Erfahrung diese Gesetze errichtet hat, ist der Beweis gegen ein Wunder aus der Natur der Sache so vollgültig, wie sich eine Begründung aus der Erfahrung nur überhaupt denken läßt. Warum ist es mehr als wahrscheinlich, daß alle Menschen sterben müssen, daß Blei nicht von selbst in der Luft schweben bleibt, daß Feuer Holz verbrennt und durch Wasser gelöscht wird – wenn nicht deshalb, daß diese Ereignisse als im Einklang mit den Naturgesetzen befunden werden, und daß es einer Durch-

für ihn eine neue Erfahrung, deren Folge stets ungewiß ist. Man kann manchmal nach Analogien vermuten, was folgen wird; das ist aber eben eine bloße Vermutung. Man muß zugeben, daß sich im vorliegenden Falle des Gefrierens das Ereignis entgegen den Regeln der Analogie einstellt und so beschaffen ist, daß es ein vernünftiger Inder nicht erwarten würde. Die Einwirkung der Kälte auf Wasser erfolgt nicht stufenweise, den Kältegraden entsprechend; wenn vielmehr der Gefrierpunkt erreicht ist, geht das Wasser augenblicklich vom Zustand großer Flüssigkeit in den völliger Festigkeit über. Man kann deshalb ein solches Ereignis *außergewöhnlich* nennen, und es bedarf eines sehr starken Zeugnisses, um es Menschen in warmer Zone glaubhaft zu machen. Dennoch ist es nicht *wunderbar* noch der Erfahrung des gleichmäßigen Ablaufes der Natur dort zuwiderlaufend, wo alle Umstände die gleichen sind. Die Einwohner Sumatras haben Wasser in ihrem Klima stets flüssig gesehen, und das Gefrieren ihrer Flüsse müßte ihnen wie ein Wunder vorkommen; aber sie sahen niemals Wasser während des Winters in Moskau und können deshalb keine sinnvolle Aussage treffen, was daraus folgen würde.

brechung dieser Gesetze bedarf oder, mit anderen Worten, eines Wunders, um sie zu verhindern? Nichts gilt als Wunder, was im gewöhnlichen Naturablauf geschieht. Es ist kein Wunder, daß ein anscheinend gesunder Mensch plötzlich stirbt, denn solche Todesart – obgleich sie ungewöhnlicher als eine andere ist – ist häufig angetroffen worden. Es ist aber ein Wunder, daß ein Toter wieder lebendig wird, denn das ist niemals, zu keiner Zeit und an keinem Ort, beobachtet worden. Somit muß eine einheitliche Erfahrung jedem Wunder entgegenstehen, anderenfalls würde das Ereignis diese Bezeichnung nicht verdienen. Und da eine einheitliche Erfahrung auf einen Beweis hinausläuft, so haben wir hier einen unmittelbaren und vollen *Beweis* aus der Natur der Sache gegen die Existenz jedes Wunders. Ein solcher Beweis kann nicht zunichte oder das Wunder glaubhaft gemacht werden, außer durch einen überlegenen Gegenbeweis*.

* Manchmal kann ein Ereignis *an sich selbst genommen* den Naturgesetzen nicht widersprechend *scheinen* und doch, wenn es wirklich einträte, auf Grund gewisser Umstände Wunder genannt werden, weil es *in der Tat* diesen Gesetzen widerspricht. So etwa, wenn jemand mit dem Anspruch göttlicher Autorität einem Kranken geböte, gesund zu sein, einem Gesunden, tot umzufallen, den Wolken, zu regnen, den Winden, zu wehen, kurz, wenn er Naturereignisse anordnete, die unverzüglich seinem Gebote folgten. Diese könnte man zu Recht für Wunder halten, da sie wirklich – in diesem Falle – den Naturgesetzen widersprechen. Bleibt aber ein Verdacht, daß Ereignis und Anordnung nur zufällig zusammentrafen, ist es kein Wunder und keine Überschreitung der Naturgesetze. Wenn dieser Verdacht verschwindet, liegt offensichtlich ein Wunder vor und eine Überschreitung dieser Gesetze. Denn nichts kann naturwidriger sein, als daß die Stimme oder der Befehl eines Menschen solchen Einfluß haben sollten. Man kann das Wunder genau definieren als *eine Überschreitung eines Naturgesetzes durch einen besonderen Willensakt der Gottheit oder durch Vermittlung einer unsichtbaren Wirkkraft (a transgression of a law of nature by a particular volition of the Deity, or by the interposition of some invisible agent)*. Ein Wunder kann für den Menschen entdeckbar sein oder nicht; das ändert nichts an seiner

Die klare Folgerung ist (und das ist ein unserer Aufmerksamkeit werter allgemeiner Grundsatz), „daß kein Zeugnis genügt, um ein Wunder zu konstatieren, es sei denn, das Zeugnis sei solcher Art, daß seine Falschheit wunderbarer wäre als die Tatsache, die es zu konstatieren trachtet. Doch selbst in solchem Falle gibt es eine gegenseitige Aufhebung der Begründungen, und das Überlegene gibt uns nur eine Sicherheit, die dem Grade der Kraft angemessen ist, die nach Abzug des Schwächeren bleibt.“ Erzählt mir jemand, er habe einen Toten wieder aufleben sehen, so überlege ich sofort, ob es wahrscheinlicher ist, daß der Erzähler entweder betrügt oder betrogen worden ist oder die von ihm berichtete Sache sich wirklich zugetragen haben sollte. Ich wäge das eine Wunder gegen das andere ab, und je nach der Überlegenheit, die ich feststelle, treffe ich meine Entscheidung und verwerfe stets das größere Wunder. Wäre die Falschheit seines Zeugnisses wunderbarer als das von ihm berichtete Ereignis, dann, und nur dann, kann er meinen Glauben oder meine Überzeugung beanspruchen.

Zweiter Teil

In dem vorhergehenden Gedankengang haben wir angenommen, daß das Zeugnis, worauf ein Wunder begründet ist, möglicherweise zu einem völligen Beweis führen könne und daß die Falschheit dieses Zeugnisses eine wirkliche Naturwidrigkeit wäre. Es läßt sich aber leicht zeigen, daß wir viel zu freizügige Zugeständnisse

Natur oder an seinem Wesen. Erhebt sich ein Haus oder Schiff in die Luft, so ist das ein sichtbares Wunder. Erhebt sich eine Feder, wenn der Wind auch nur um ein weniges der dazu notwendigen Kraft ermangelt, so ist das ebenso ein Wunder, obwohl es für uns nicht so sinnfällig ist.

gemacht haben und daß es niemals ein wunderbares Ereignis gab, das auf einer so völligen Evidenz beruhte.

Denn *erstens* findet sich in der ganzen Geschichte kein Wunder, das durch eine ausreichende Zahl von Menschen von so fraglosem gesundem Verstand, Erziehung und Bildung bezeugt wird, die nötig ist, uns gegen ihre Selbsttäuschungen zu schützen; von solcher unzweifelhaften Redlichkeit, die jeden Verdacht der Täuschung anderer von ihnen fernhält, von solcher Glaubwürdigkeit und solchem Ansehen in den Augen der Menschen, daß sie viel zu verlieren hätten, falls sie bei einer Lüge ertappt würden, deren Zeugnis zugleich solche Dinge betrifft, die sich so öffentlich und an einem so berühmten Ort der Welt zugetragen haben, daß die Entdeckung unvermeidlich gewesen wäre: Alle diese Umstände sind nötig, uns völlige Sicherheit über menschliche Zeugnisse zu geben.

Zweitens läßt sich in der menschlichen Natur ein Prinzip beobachten, das bei strenger Prüfung die Sicherheit erheblich vermindern dürfte, die wir auf Grund menschlicher Aussage bei jeder Naturwidrigkeit haben könnten. Der Grundsatz, von dem wir uns gemeinhin in unseren Gedankengängen leiten lassen, ist der, daß die Gegenstände, von denen wir keine Erfahrung haben, jenen gleichen, von denen wir Erfahrung haben; daß das, was sich als am üblichsten erwiesen hat, auch das wahrscheinlichste ist; und daß dort, wo es einen Widerstreit von Argumenten gibt, wir den Vorzug solchen geben sollten, die auf der größten Zahl früherer Beobachtungen beruhen. Obwohl wir nun in Befolgung dieser Regel jede Sache, die ungewöhnlich und unglaubwürdig in normalem Grade ist, bereitwillig ablehnen, befolgt der Geist im weiteren Verlauf nicht immer diese Regel, sondern er nimmt, wenn etwas äußerst Absurdes und Wunderbares behauptet wird, eine solche Sache um so bereitwilliger an, gerade wegen des Umstandes, der alle ihre Autorität eigentlich zerstören müßte. Der Affekt der *Überraschung* und der *Verwunderung*, der aus Wundern entsteht und eine angenehme Gemütserregung ist, erzeugt sichtlich den Hang zum Glauben an solche Ereignisse, aus denen er stammt. Das geht so weit, daß selbst diejenigen, die sich nicht unmittelbar dieser Freude hingeben und auch nicht an jene wunderbaren Ereignisse, von denen man ihnen berichtet hat, glauben können, dennoch gerne aus zweiter Hand oder in einem Gefühlswandel an diesem Genuß teilnehmen und Stolz und Freude daran haben, das Staunen anderer zu erregen.

Wie begierig werden die wunderbaren Berichte Reisender aufgenommen, ihre Beschreibungen von See- und Landungeheuern, ihre Erzählungen von wunderlichen Abenteuern, seltsamen Menschen und wilden Sitten. Verbindet sich nun noch der religiöse Geist mit der Wunderliebe, dann ist der gesunde Menschenverstand am Ende, und menschliches Zeugnis verliert unter diesen Umständen alle Ansprüche auf Autorität. Ein frommer Mann kann ein Schwärmer sein und sich einbilden, etwas zu sehen, was keine Realität hat. Er kann wissen, daß seine Erzählung falsch ist, und doch in der besten Absicht darauf bestehen, um eine so heilige Sache zu fördern. Doch selbst wo solche Täuschung nicht besteht, wirkt die durch eine so starke Versuchung erregte Eitelkeit mächtiger auf ihn ein als auf die übrigen Menschen unter anderen Umständen, und der eigene Vorteil treibt ihn ebenso stark an. Seine Zuhörer ermangeln vielleicht – was gewöhnlich der Fall ist – der Urteilsfähigkeit, die Gewißheit seiner Aussage zu prüfen; sie verleugnen grundsätzlich ihr Urteil in solchen erhabenen und geheimnisvollen Dingen; oder wenn sie den besten Willen hätten, es zu gebrauchen, stören Leidenschaft und erhitzte Phantasie sein normales Verfahren. Ihre Leichtgläubigkeit steigert die

Unverfrorenheit des Erzählers, und seine Unverfrorenheit überwältigt ihre Leichtgläubigkeit.

Beredsamkeit in ihrer höchsten Form läßt für Vernunft und Überlegung wenig Platz, sondern nimmt, indem sie sich ausschließlich an Phantasie oder Neigungen wendet, die bereitwilligen Hörer gefangen und unterdrückt ihren Verstand. Glücklicherweise wird dieser Gipfel selten erreicht. Was aber ein Cicero oder ein Demosthenes kaum bei einer römischen oder atheniensischen Versammlung bewirken konnten, gelingt jedem Kapuziner, jedem herumziehenden oder seßhaften Prediger bei den meisten Menschen und in höherem Grade durch Erregung derartiger grober und volkstümlicher Leidenschaften.

Die vielen Beispiele von gefälschten Wundern, Prophezeiungen und übernatürlichen Ereignissen, die zu allen Zeiten entweder durch gegenteilige Evidenz aufgedeckt worden sind oder sich durch ihren Widersinn selbst aufdecken, beweisen zur Genüge den starken Hang der Menschheit zum Außergewöhnlichen und Erstaunlichen und sollten folglich ein Mißtrauen gegen alle derartigen Berichte hervorrufen. Das ist unsere natürliche Denkweise, selbst hinsichtlich der alltäglichsten und glaubwürdigsten Ereignisse. So gibt es z. B. keine Art von Gerüchten, die so leicht entsteht und sich – besonders auf dem Lande und in Provinzstädten – so geschwind verbreitet, wie die über Heiraten. Zwei junge Leute gleichen Standes können sich so nicht zweimal sehen, ohne daß die ganze Nachbarschaft sofort ein Paar aus ihnen macht. Das Vergnügen, eine so interessante Neuigkeit zu erzählen, sie weiterzuerzählen und der erste zu sein, der sie berichtet, verbreitet die Kunde. Das ist so sehr bekannt, daß kein vernünftiger Mensch solchen Berichten Beachtung schenkt, bis er sie durch größere Evidenz bestätigt findet. Bestimmen nicht die gleichen Leidenschaften und andere noch stärkere die Masse der Menschen, mit größter Heftigkeit und Gewißheit alle religiösen Wunder zu glauben und weiterzuberichten[17]?

Es spricht *drittens* sehr stark gegen alle Berichte von übernatürlichen und wunderbaren Vorfällen, daß sie hauptsächlich bei unwissenden und barbarischen Völkern anzutreffen sind. Wenn aber ein zivilisiertes Volk sie jemals zugelassen hat, so wird man feststellen, daß dieses Volk sie von unwissenden und barbarischen Vorfahren übernommen hat, die sie mit jener unerschütterlichen Verbindlichkeit und Autorität überlieferten, die stets überkommene Meinungen begleiten. Gehen wir die Frühgeschichte sämtlicher Völker durch, so fühlen wir uns leicht in eine neue Welt versetzt, in der das ganze Naturgefüge sich aufgelöst hat und jedes Element seine Tätigkeit in einer von der heutigen verschiedenen Weise ausübt. Schlachten, Revolutionen, Seuchen, Hungersnot und Tod sind da niemals die Wirkung der von uns erfahrenen natürlichen Ursachen. Widernatürliche Vorkommnisse, Vorzeichen, Orakel, Gottesurteile verdunkeln ganz die wenigen natürlichen Ereignisse, die ihnen beigemischt sind. Doch da die ersteren mit jeder Seite, die uns den aufgeklärten Zeiten näherbringt, abnehmen, sehen wir bald ein, daß nichts Geheimnisvolles oder Übernatürliches im Spiel ist, sondern alles das aus der gewohnten Neigung der Menschen zum Erstaunlichen stammt, und daß dieser Hang zwar bisweilen durch Einsicht und Wissenschaft erschüttert werden, niemals jedoch gänzlich aus der menschlichen Natur ausgemerzt werden kann.

Sonderbar, wird ein urteilsfähiger Leser bald bei Durchblättern dieser wundersamen Geschichten sagen, *daß sich solche unnatürlichen Begebenheiten in unserer Zeit niemals ereignen.* Aber es ist doch wohl nicht sonderbar, daß Menschen zu allen Zeiten Lügner sein können. Sicherlich hat man genug Beispiele für diese

Schwäche gesehen. Man selbst hat vom Aufkommen vieler solcher erstaunlichen Erzählungen gehört, die von allen Klugen und Urteilsfähigen mit Verachtung behandelt, schließlich sogar von der Masse abgelehnt wurden. Man darf gewiß sein, daß solche berühmten Lügen, die es zu solcher ungeheuren Verbreitung und Blüte gebracht haben, aus gleichen Anfängen entstanden. Da sie jedoch auf geeigneteren Boden fielen, erreichten sie schließlich selbst solche unnatürlichen Ausmaße, wie die, von denen sie berichten.

Es war eine kluge Maßnahme des einst so berühmten, obgleich heute vergessenen falschen Propheten Alexander, daß er den ersten Schauplatz seiner Betrügereien nach Paphlagonien verlegte, wo – wie Lucian berichtet – die Menschen äußerst unwissend und dumm waren und bereit, selbst das größte Blendwerk zu schlukken. Entfernt wohnende Menschen, die schwach genug sind, diese Sache überhaupt einer Prüfung wert zu halten, haben keine Gelegenheit, bessere Information zu erhalten. Um hundert Einzelheiten aufgebauscht, gelangen diese Geschichten zu ihnen. Narren sind eifrig in der Verbreitung von Betrügereien, während sich die Weisen und Gelehrten gewöhnlich damit begnügen, ihren Widersinn zu verlachen, ohne sich über die einzelnen Tatsachen zu informieren, durch die sie eindeutig widerlegt werden könnten. So wurde der obenerwähnte Betrüger in die Lage versetzt, von seinen unwissenden Paphlagoniern ausgehend, sich sogar unter den griechischen Philosophen und unter Römern von höchstem Rang und Ansehen Anhänger zu werben, ja sogar die Aufmerksamkeit des weisen Kaisers Marc Aurel so sehr zu erregen, daß dieser den Erfolg eines militärischen Unternehmens von seinen trügerischen Prophezeiungen abhängig machte.

Eine Betrügerei bei einem unwissenden Volke zu beginnen hat so große Vorteile, daß sie – selbst wenn das

Blendwerk zu grob sein sollte, um auf die große Masse zu wirken *(was zwar nicht oft, aber doch manchmal vorkommt)* – eine viel bessere Chance hat, in fremden Ländern Erfolg zu haben, als wenn der erste Schauplatz in eine für Künste und Wissenschaft berühmte Stadt verlegt worden wäre. Die Unwissendsten und Ungebildetsten dieser Barbaren tragen den Bericht nach draußen. Keiner ihrer Landsleute hat so große Beziehungen oder genießt genügend Vertrauen oder Autorität, die Täuschung zu widerlegen oder niederzuschlagen. Der Menschen Hang zum Wunderbaren hat hinreichend Gelegenheit, sich zu entfalten. Und so gilt eine Geschichte, die am Orte ihres Entstehens allgemein verworfen wurde, tausend Meilen davon entfernt als gewiß. Hätte sich Alexander jedoch in Athen niedergelassen, so hätten die Philosophen dieses berühmten Ortes der Gelehrsamkeit ihre Meinung von dieser Sache sofort über das ganze römische Reich verbreitet, was, von so großer Autorität unterstützt und mit aller Kraft von Vernunft und Beredsamkeit entfaltet, den Menschen völlig die Augen geöffnet hätte. Allerdings hatte Lucian, der zufällig durch Paphlagonien kam, Gelegenheit, dieses gute Werk zu tun. Doch obwohl es sehr zu wünschen wäre, begegnet nicht immer jeder Alexander einem Lucian, der seine Betrügereien darlegt und aufdeckt.

Ich kann als *vierten* Grund, der die Glaubwürdigkeit unnatürlicher Geschehnisse verringert, hinzufügen, daß es für keines, selbst nicht für solche, die nicht ausdrücklich aufgedeckt worden sind, ein Zeugnis gibt, dem nicht eine Unzahl von Zeugen entgegentreten. So zerstört also nicht nur das Wunder die Glaubwürdigkeit des Zeugnisses, sondern das Zeugnis zerstört sich selbst. Um dies besser zu verstehen, wollen wir in Betracht ziehen, daß in der Religion jedes Anderssein ein Widerspruch ist und daß die Religionen des alten

Rom, der Türkei, Siams und Chinas unmöglich allesamt eine solide Grundlage haben können. Jedes Wunder, das angeblich in einer dieser Religionen gewirkt worden ist (und sie alle wimmeln von Wundern), bezweckt demnach unmittelbar die Errichtung des besonderen Systems, dem es zugeschrieben wird; so hat es, wenn auch mittelbarer, die gleiche Kraft, jedes andere System umzustürzen. Indem es ein rivalisierendes System zerstört, zerstört es gleichermaßen die Glaubwürdigkeit jener Wunder, auf die jenes System gegründet war. So kann man die außernatürlichen Geschehnisse der verschiedenen Religionen als einander widersprechende Tatsachen betrachten und die Aussagen über diese Geschehnisse – mögen sie schwach oder beweiskräftig sein – als einander entgegengesetzt. Diesem Gedankengang zufolge haben wir, wenn wir an irgendein Wunder Mohammeds oder seiner Nachfolger glauben, als Bürgen nur das Zeugnis einiger barbarischer Araber; andererseits sollen wir die Autorität des Titus Livius, Plutarch, Tacitus, kurz aller Autoren und Zeugen der Griechen, Chinesen und Römischen Katholiken bedenken, die irgendein Wunder in ihrer besonderen Religion berichtet haben: Ich sage, wir sollen ihr Zeugnis im gleichen Lichte sehen, wie wenn sie das mohammedanische Wunder erwähnt und ihm ausdrücklich widersprochen hätten, mit der gleichen Gewißheit, die sie für das von ihnen berichtete Wunder vorbringen. Dieses Argument mag überspitzt und gekünstelt scheinen, unterscheidet sich aber in Wirklichkeit nicht vom Gedankengang eines Richters, der annimmt, daß die Glaubwürdigkeit zweier Zeugen, die jemand eines Verbrechens beschuldigen, durch das Zeugnis zweier anderer zerstört wird, die versichern, sie hätten ihn zur Zeit des angeblichen Verbrechens zweihundert Meilen entfernt gesehen.

Eines der am besten bezeugten Wunder in der ganzen Weltgeschichte ist das uns von Tacitus über Ves-

›asian berichtete, der in Alexandrien einen Blinden nit seinem Speichel und einen Lahmen durch bloße Beührung mit seinem Fuße heilte: Sie befolgten eine Viion, in der sie der Gott Serapis für diese Wunderheiungen an den Kaiser verwiesen hatte. Die Erzählung kann bei diesem vortrefflichen Historiker gefunden werden*, wo jede Einzelheit das Gewicht des Zeugnisses zu vermehren scheint und mit aller Kraft des Gedankens und der Beredsamkeit entfaltet werden könnte, wenn jetzt noch jemandem etwas daran liegen sollte, die Evidenz dieses abgetanen und götzendienerischen Aberglaubens zu bekräftigen. Würde, Zuverlässigkeit, Alter und Rechtschaffenheit eines so großen Kaisers, der während seines ganzen Lebens in vertrauter Weise mit seinen Freunden und Höflingen verkehrte und sich niemals mit einer solchen außerordentlichen Aura der Göttlichkeit umgab wie Alexander und Demetrius; der Historiker, ein Zeitgenosse, bekannt für Lauterkeit und Wahrheitsliebe und überdies vielleicht der größte und gründlichste Kopf der ganzen Antike, so frei von jeder Neigung zur Leichtgläubigkeit, daß er sogar dem gegenteiligen Vorwurf des Atheismus und des Unglaubens unterliegt; die Personen, auf Grund deren Autorität er das Wunder berichtete, von denen wir annehmen dürfen, daß sie bekannt für Urteilsfähigkeit und Wahrhaftigkeit waren und Augenzeugen des Vorganges, die an ihrem Zeugnis festhielten, nachdem die Flavier der Herrschaft beraubt waren und keinen Lohn mehr für eine Lüge zahlen konnten. *Utrumque, qui interfuere, nunc quoque memorant, postquam nullum mendacio pretium.* Nehmen wir die Bekanntheit der berichteten Tatsachen hinzu, so will es scheinen, daß für eine so plumpe und greifbare Unwahrheit keine stärkere Evidenz angenommen werden kann.

* Hist. lib. IV, Cap. 81.

Auch der Kardinal de Retz erzählt eine denkwürdige Geschichte, die wohl unserer Betrachtung wert sein dürfte. Als dieser intrigante Staatsmann nach Spanien floh, um der Verfolgung seiner Feinde zu entgehen, kam er nach Saragossa, der Hauptstadt von Aragonien, wo man ihm in der Kathedrale einen Mann zeigte, der sieben Jahre als Türhüter gedient hatte und jedem in der Stadt, der je in dieser Kirche seine Andacht verrichtet hatte, wohlbekannt war. Man hatte ihn während dieser ganzen Zeit mit nur einem Bein gesehen, doch hatte er das Glied wiedererhalten, nachdem er den Stumpf mit heiligem Öl eingerieben hatte. Der Kardinal versichert nun, er habe ihn mit zwei Beinen gesehen. Und dieses Wunder war von allen Instanzen der Kirche anerkannt worden, die ganze Stadtgemeinde wurde zur Bestätigung dieses Sachverhaltes aufgerufen, und der Kardinal erkannte an ihrer begeisterten Verehrung, daß sie absolut an das Wunder glaubten. Hier war der Berichterstatter ebenfalls ein Zeitgenosse der angeblichen Naturwidrigkeit, ein gleichermaßen ungläubiger und freigeistiger wie sehr begabter Charakter; das Wunder war von so *einzigartiger* Natur, daß es kaum eine Fälschung zuließ; und der Zeugen waren unzählige, und alle waren, in gewisser Weise, Augenzeugen des von ihnen bezeugten Sachverhaltes. Was aber die Kraft der Evidenz beträchtlich verstärkt und unser Erstaunen über diesen Fall verdoppeln mag, ist, daß der Kardinal selbst, der diese Geschichte berichtet, ihr ganz und gar nicht zu glauben scheint und folglich nicht in den Verdacht geraten kann, an dem heiligen Betrug beteiligt zu sein. Er erwog richtig, daß es zur Ablehnung eines solchen Sachverhaltes nicht erforderlich sei, genau imstande zu sein, das Zeugnis zu widerlegen und seine Falschheit in allen Einzelheiten des Betrugs und der Leichtgläubigkeit, durch die es hervorgerufen wurde, nachzuweisen.

Er wußte, daß dieses – wie es schon gewöhnlich bei einem kleinen Abstand von Zeit und Ort unmöglich ist – selbst bei unmittelbarem Dabeisein äußerst schwierig ist, wegen der Bigotterie, Unwissenheit, Verschlagenheit und Betrügerei eines großen Teils der Menschen. So schloß er wie ein folgerichtiger Denker, daß solcher Evidenz die Unwahrheit schon ins Gesicht geschrieben sei und daß ein durch menschliches Zeugnis bestätigtes Wunder eher ein Gegenstand des Spottes als der Widerlegung sei.

Sicherlich wurde noch nie eine größere Anzahl von Wundern einer einzigen Person zugeschrieben, als die, welche letzthin in Frankreich am Grabe des Abbé Paris, des berühmten Jansenisten, gewirkt sein sollen, über dessen Heiligkeit das Volk so lange hinters Licht geführt wurde. Die Heilung von Kranken, die Verleihung des Gehörs an Taube und der Sehkraft an Blinde wurden überall als die üblichen Wirkungen jenes heiligen Grabes bezeichnet. Noch außergewöhnlicher jedoch war, daß viele der Wunder auf der Stelle vor unbestritten lauteren Richtern bewiesen und von glaubwürdigen und angesehenen Zeugen bestätigt wurden, in einem gebildeten Zeitalter und auf dem hervorragendsten Schauplatz der heutigen Welt. Das ist noch nicht alles: Ein Bericht darüber wurde veröffentlicht und überall verbreitet, und die Jesuiten, obwohl eine gelehrte Körperschaft, von der Obrigkeit unterstützt und entschiedene Gegner solcher Ansichten, zu deren Gunsten die Wunder gewirkt sein sollten, waren niemals in der Lage, sie bündig zu widerlegen oder aufzudekken[18]. Wo werden wir sonst eine solche Anzahl von Umständen finden, die zur Bestätigung einer Tatsache übereinstimmten? Und was haben wir einer solchen Menge von Zeugen entgegenzusetzen als die absolute Unmöglichkeit oder wunderbare Natur der Ereignisse, die sie berichten? Das aber allein wird gewiß in den

Augen vernünftiger Menschen als hinreichende Widerlegung gelten.

Ist die Folgerung richtig, daß, da manches menschliche Zeugnis in einigen Fällen höchste Kraft und Autorität besitzt, so, wenn es z. B. die Schlacht von Philippi oder Pharsalus berichtet, deshalb alle Arten von Zeugnissen in allen Fällen gleiche Kraft und Autorität haben müssen? Angenommen, die Cäsarianer und die Pompejaner hätten beide den Sieg in diesen Schlachten beansprucht, und die Geschichtsschreiber jeder Partei hätten einhellig den Vorteil ihrer eigenen Seite zugeschrieben: Wie hätten die Menschen, bei diesem Abstand vom Geschehen, zwischen ihnen entscheiden können? Der Widerstreit ist ebenso stark zwischen den von Herodot oder Plutarch berichteten Wundern und den von Mariana, Beda oder irgendeinem anderen mönchischen Geschichtsschreiber überlieferten.

Die Weisen schenken jedem Bericht nur sehr zweifelnd Vertrauen, welcher dem Hange des Berichterstatters entgegenkommt, ob er dessen Land, Familie oder sich selbst verherrlicht oder in anderer Weise mit dessen natürlichen Neigungen oder Vorlieben übereinstimmt. Gibt es aber eine größere Versuchung, denn als Missionar, Prophet, Gesandter des Himmels zu erscheinen? Wer würde nicht viele Gefahren und Schwierigkeiten auf sich nehmen, um eine so erhabene Rolle zu erhalten? Oder wenn sich jemand, mittels Eitelkeit und überhitzter Einbildungskraft, selbst zu einem anderen gemacht und sich ernstlich der Verblendung ergeben hat, wird er dann je Skrupel haben, zur Förderung einer so heiligen und verdienstvollen Sache frommen Betrug anzuwenden?

Der kleinste Funke kann hier zur größten Flamme auflodern, weil der Stoff dazu immer bereitliegt. Das *avidum genus auricularum**, die gaffende Menge,

* Lucret. IV, 594.

nimmt gierig und ohne Prüfung an, was dem Aberglauben schmeichelt und das Staunen fördert.

Wie viele derartige Geschichten sind zu allen Zeiten entdeckt und in ihrem Anfangsstadium vernichtet worden! Wie viele mehr sind eine Zeitlang gefeiert worden und später in Nichtachtung und Vergessenheit gesunken! Wo deshalb solche Berichte umherschwirren, liegt die Erklärung des Phänomens offen zutage, und wir urteilen in Übereinstimmung mit der regelmäßigen Erfahrung und Beobachtung, wenn wir als Grund dafür die bekannten und natürlichen Prinzipien der Leichtgläubigkeit und Verblendung annehmen. Sollen wir, an Stelle des Rückgriffs auf eine so natürliche Lösung, eher eine wundersame Vergewaltigung der gesichertsten Naturgesetze zulassen?

Ich brauche nicht zu erwähnen, wie schwierig es ist, eine Unwahrheit in einer persönlichen oder selbst öffentlichen Geschichte am Orte des angeblichen Geschehens selbst aufzudecken; noch schwieriger ist es, wenn der Schauplatz in eine – wenn auch noch so geringe – Entfernung verlegt wird. Selbst ein Gerichtshof mit aller anwendbaren Autorität, Genauigkeit und Urteilskraft, findet sich oft auf verlorenem Posten, wenn es gilt, zwischen Wahrheit und Falschheit bei ganz kürzlichen Ereignissen zu unterscheiden. Aber die Sache kommt niemals zur Entscheidung, wenn man der üblichen Methode der Abänderungen, des Geredes und der umherschwirrenden Gerüchte vertraut, besonders dann, wenn auf beiden Seiten menschliche Leidenschaften im Spiele sind.

Wenn sich neue Religionen im Anfangsstadium befinden, halten die Weisen und Gelehrten die Sache für zu unbedeutend, als daß sie ihre Aufmerksamkeit und Beachtung verdiente; und wenn sie später den Betrug gerne aufdecken möchten, um die verblendete Menge aufzuklären, ist es zu spät, und die Berichte und

Zeugen, welche die Sache aufklären könnten, sind unwiederbringlich verschwunden.

Es bleiben keine Mittel der Entlarvung als diejenigen die aus den Zeugnissen der Berichterstatter genommen werden müssen; und obwohl diese dem Urteilsfähigen und Gebildeten genügen, sind sie gewöhnlich zu fein, um von der Menge verstanden zu werden.

Im ganzen zeigt sich also, daß kein Zeugnis für irgendeine Art von Wunder jemals Wahrscheinlichkeit erlangt hat, viel weniger noch einen Beweis, und daß ihm – selbst angenommen, es würde bewiesen – durch einen anderen Beweis widersprochen würde – aus der Natur jener Tatsache hergeleitet, die er festzustellen versuchte. Einzig die Erfahrung gibt menschlichem Zeugnis Autorität, und zwar die gleiche Erfahrung, die uns der Naturgesetze versichert. Widerstreiten sich also diese beiden Arten der Erfahrung, so haben wir nichts weiter zu tun, als die eine von der anderen abzuziehen und uns mit unserer Meinung auf die eine oder andere Seite zu stellen, mit der Gewißheit, die nach allem übrigbleibt. Aber gemäß dem hier erklärten Prinzip bedeutet diese Subtraktion hinsichtlich aller volkstümlichen Religionen deren völlige Vernichtung. Deshalb dürfen wir als Regel aufstellen, daß kein menschliches Zeugnis so stark sein kann, ein Wunder zu beweisen und es zu einer berechtigten Grundlage für ein solches Religionssystem zu machen.

Ich[19] möchte die hier von mir gemachten Einschränkungen beachtet wissen, wenn ich sage, ein Wunder sei niemals so zu beweisen, daß es die Grundlage eines Religionssystems abgeben könne; denn ich räume ein, daß es in anderer Art möglicherweise Wunder oder Durchbrechungen des üblichen Ganges der Natur geben mag, die durch menschliches Zeugnis beweisbar sind – obwohl es vielleicht unmöglich sein wird, in allen historischen Berichten auch nur ein einziges dieser

Art zu finden. Man nehme z. B. an, alle Schriftsteller aller Sprachen stimmten darin überein, es habe vom 1. Januar 1600 an für acht Tage auf der ganzen Erde eine totale Finsternis geherrscht; die Überlieferung dieses außergewöhnlichen Ereignisses sei unter den Menschen noch sehr nachhaltig und lebendig; alle aus fremden Ländern zurückkommenden Reisenden brächten uns Berichte von der gleichen Überlieferung, ohne die kleinste Abweichung oder den geringsten Widerspruch: Dann müßten offenbar unsere heutigen Gelehrten diese Tatsache, statt sie zu bezweifeln, als gewiß hinnehmen und nach den möglichen Ursachen ihrer Entstehung forschen. Verfall, Zerrüttung und Auflösung der Natur sind ein durch so manche Analogien wahrscheinlich gemachtes Geschehen, daß irgendein Phänomen, das auf jene Katastrophe hinzudeuten scheint, in den Bereich menschlichen Zeugnisses fällt, wenn dieses Zeugnis sehr umfassend und einheitlich ist.

Angenommen aber, alle Historiker, die sich mit England befassen, würden übereinstimmen, daß am 1. Januar 1600 Königin Elisabeth gestorben sei; daß sie sowohl vor als nach ihrem Tode von ihren Ärzten und dem ganzen Hofstaat gesehen wurde, wie es bei Personen ihres Standes üblich ist; daß ihr Nachfolger vom Parlament akzeptiert und proklamiert worden sei; und daß sie, nachdem sie einen Monat lang in der Erde gelegen habe, wieder erschienen sei, den Thron wieder bestiegen und England noch für drei Jahre regiert habe: dann würde mich, wie ich zugeben muß, das Zusammentreffen so vieler sonderbarer Umstände überraschen, doch ich wäre nicht im mindesten geneigt, ein so wunderbares Ereignis zu glauben. Ihren angeblichen Tod und jene anderen darauf folgenden öffentlichen Begebenheiten würde ich nicht bezweifeln; ich würde nur behaupten, daß alles nur vorgegeben gewesen sei und daß es niemals wirklich war noch wirklich sein könnte. Vergeblich würde man mir entgegenhalten: wie schwierig, ja beinahe unmöglich es sei, die Welt in einer so folgenschweren Angelegenheit zu täuschen; die Klugheit und das sichere Urteilsvermögen dieser berühmten Königin; und den geringen oder gar keinen Nutzen, den sie von dieser erbärmlichen Täuschung haben könnte. Das alles würde mich verwundern, aber dennoch würde ich erwidern, daß Schurkerei und Torheit der Menschen so gewöhnliche Phänomene seien, daß ich eher an die außergewöhnlichsten Ereignisse als Folge ihres Zusammenwirkens glauben, als eine so außergewöhnliche Verletzung der Naturgesetze zugeben würde.

Würde man aber dieses Wunder irgendeinem neuen Religionssystem zuschreiben, so würde – da die Menschen zu allen Zeiten durch lächerliche Geschichten jener Art getäuscht worden sind – dieser Umstand gerade als voller Beweis dieses Betruges gelten und allen vernünftigen Menschen genügen, nicht nur zur Ablehnung dieser Sache, sondern auch zu ihrer Ablehnung ohne weitere Prüfung. Wäre auch das Wesen, dem man das Wunder zuschreibt, in diesem Falle allmächtig, so wird es dadurch keine Spur wahrscheinlicher; denn es ist unmöglich, die Eigenschaften oder Handlungen eines solchen Wesens in anderer Weise als durch die Erfahrung zu erkennen, die wir von seinen Taten im gewöhnlichen Naturablauf haben. Das verweist uns immer noch auf frühere Beobachtung und nötigt uns, die Beispiele der Verletzung der Wahrheit in menschlichen Zeugnissen mit solchen der Verletzung der Naturgesetze durch Wunder zu vergleichen, um uns ein Urteil zu bilden, was am gemäßesten und wahrscheinlichsten ist. Da die Verletzungen der Wahrheit häufiger in dem religiöse Wunder betreffenden Zeugnis sind als in dem über irgendeine andere Sache, muß das die Autorität des ersteren sehr herabsetzen und uns zu dem allgemeinen Schluß führen, ihm nie Beachtung zu schenken, mit welchem besonderen Anspruch es auch umgeben sein mag.

Lord Bacon scheint denselben Prinzipien der Vernunfttätigkeit gehuldigt zu haben. „Wir sollten", sagt er, „eine Sammlung oder Spezialgeschichte von allem Ungeheuren und allen Mißgeburten oder Mißbildungen anfertigen, mit einem Wort, von allem Neuen, Seltenen und Außergewöhnlichen in der Natur. Das aber muß mit der strengsten Sorgfalt geschehen, damit wir nicht von der Wahrheit abweichen. Vor allem ist jeder Bericht als verdächtig zu betrachten, der – wie die Wundererzählungen des Livius – in irgendeiner Weise von der Religion abhängt; und nicht weniger alles, was sich bei denjenigen findet, die über Naturmagie oder Alchimie schreiben und allesamt ein unbezwingbares Verlangen nach Unwahrheit und Märchen haben."*[20]

Ich bin mit der hier mitgeteilten Methode der Vernunfttätigkeit um so zufriedener, als sie meines Erachtens dazu dienen kann, solche gefährlichen Freunde oder verkappten Feinde der *christlichen Religion* zu vernichten, die es unternommen haben, sie mittels der menschlichen Vernunftprinzipien zu verteidigen. Unsere hochheilige Religion ist auf den *Glauben*, nicht auf Vernunft gegründet, und es ist eine sichere Methode, sie bloßzustellen, wenn man sie einem solchen Verfahren aussetzt, das zu bestehen sie in keiner Weise geeignet ist. Um das einsichtiger zu machen, wollen wir die in der Schrift berichteten Wunder untersuchen; doch damit wir uns nicht in ein zu weites Gebiet verlieren, wollen wir uns auf diejenigen beschränken, die wir im *Pentateuch* finden. Diese werden wir, den Prinzipien jener angeblichen Christen gemäß, prüfen, nicht als

* Nov. Org. lib. II, aph. 29.

Gottes eigenes Wort oder Zeugnis, sondern als Erzeugnis eines bloß menschlichen Berichterstatters und Historikers. So haben wir es also zunächst mit einem Buche zu tun, das uns durch ein barbarisches und unwissendes Volk überliefert ist; zu einer Zeit geschrieben, als es noch barbarischer war, und höchstwahrscheinlich lange nach den Ereignissen, die es berichtet; das durch kein gleichlautendes Zeugnis bestätigt ist und jenen fabulösen Berichten ähnelt, die jedes Volk über seinen Ursprung gibt. Beim Lesen dieses Buches finden wir es voller Naturwidrigkeiten und Wunder. Es berichtet von einem Zustand der Welt und der Menschennatur, der vom gegenwärtigen völlig verschieden ist: von unserem Abfall von diesem Zustand; vom Menschenalter, das beinahe tausend Jahre währt; von der Zerstörung der Welt durch eine Sintflut; von der willkürlichen Erwählung eines Volkes als Günstling des Himmels, und dieses Volk sind die Landsleute des Verfassers; von seiner Befreiung aus der Knechtschaft durch die unvorstellbarsten Naturwidrigkeiten. Nun bitte ich jeden, Hand aufs Herz und nach ernsthafter Erwägung, zu sagen, ob er meint, daß die Falschheit eines solchen Buches, das durch derartiges Zeugnis gestützt wird, außergewöhnlicher und wunderbarer sein würde als alle Wunder, die es berichtet; das aber wäre – nach den oben aufgestellten Maßstäben der Wahrscheinlichkeit – notwendig, damit es anerkannt wird.

Was wir über Wunder gesagt haben, kann unverändert auf Prophezeiungen angewendet werden, und tatsächlich sind alle Prophezeiungen wirkliche Wunder und können als solche nur als Beweise für irgendeine Offenbarung anerkannt werden. Würde es nicht das Vermögen der Menschennatur übersteigen, Zukünftiges vorauszusagen, so wäre es unsinnig, irgendeine Prophezeiung als Argument für eine göttliche Sendung oder himmlische Autorität zu bemühen. So dürfen wir nach alledem schließen, daß die *christliche Religion* nicht nur in der ersten Zeit von Wundern begleitet war, sondern sogar heutigentags von keinem vernünftigen Menschen ohne Annahme eines Wunders geglaubt werden kann. Vernunft allein reicht nicht aus, uns von ihrer Wahrheit zu überzeugen; und wen der *Glaube* bewegt, ihr zuzustimmen, ist sich eines fortwährenden Wunders in seiner eigenen Person bewußt, das alle seine Verstandesprinzipien umkehrt und ihn bestimmt, das Gewohnheit und Erfahrung am meisten Entgegengesetzte zu glauben.

ELFTER ABSCHNITT

Über eine besondere Vorsehung und ein zukünftiges Leben

Kürzlich unterhielt ich mich mit einem Freunde, der skeptische Paradoxe liebt. Obwohl ich vielen Prinzipien, die er dabei vorbrachte, nicht zustimmen kann, scheinen sie doch interessant zu sein und einige Beziehung zu der in dieser Untersuchung durchgeführten Reihe von Gedankengängen zu haben; deshalb werde ich sie hier aus dem Gedächtnis, so genau ich kann, wiedergeben, um sie dem Urteil des Lesers anheimzustellen.

Unser Gespräch begann mit meiner Bewunderung für das einzigartige Glück der Philosophie, die, da sie vor allen anderen Vorrechten völlige Freiheit verlangt und in der Hauptsache durch die ungehinderte Opposition von Meinungen und Argumenten aufblüht, in einer Zeit und einem Lande der Freiheit und Toleranz zur Welt kam und niemals – nicht einmal in ihren überspanntesten Prinzipien – durch Glaubenslehren, offizielle Genehmigungen oder Strafbestimmungen beschränkt wurde; denn außer der Verbannung des Protagoras und dem Tod des Sokrates – dieses letztere ereignete sich aus teilweise anderen Motiven – treffen wir in der Antike kaum Beispiele dieses bigotten Argwohns, mit dem die Gegenwart so sehr belastet ist. Epikur lebte in Athen bis ins hohe Alter in Frieden und Ruhe; man ließ Epikureer* sogar zu den priester-

* Luciani συμπ. ἢ λαπίθαι 9.

lichen Weihen zu und am Altar in den heiligsten Riten der anerkannten Religion ihres Amtes walten; und ebenso wurden die öffentlichen Förderungen* in Form von Renten und Gehältern durch den weisesten aller römischen Kaiser** den Lehrern jeder philosophischen Richtung gewährt. Wie sehr die Philosophie in ihrer Frühzeit einer solchen Behandlung bedurfte, wird man leicht begreifen, wenn wir bedenken, daß sie selbst heute, wo man sie doch für kräftiger und widerstandsfähiger halten kann, mit großer Schwierigkeit die Unbill der Zeiten und jene rauhen Winde der Verleumdung und Verfolgung verträgt, die ihr entgegenwehen.

Du bewunderst, sagte mein Freund, als das einzigartige Glück der Philosophie, was aus dem natürlichen Gang der Dinge zu stammen und unvermeidbar zu jeder Zeit und für jedes Volk zu sein scheint. Diese hartnäckige Bigotterie, über die du dich, als der Philosophie so schädlich, beklagst, ist tatsächlich ihr Sprößling, der, nachdem er sich mit dem Aberglauben verbündet hat, sich gänzlich vom Einfluß der Mutter frei macht und ihr hartnäckigster Gegner und Verfolger wird. Spekulative religiöse Glaubenssätze, der gegenwärtige Anlaß zu so heftiger Auseinandersetzung, konnten in der Frühzeit der Welt unmöglich erdacht oder anerkannt werden. Damals bildete sich die noch völlig ungebildete Menschheit eine ihrem geringen Auffassungsvermögen adäquatere religiöse Vorstellung, und sie stellte ihre heiligen Lehren hauptsächlich aus solchen Erzählungen zusammen, die mehr Gegenstand des überlieferten Glaubens als des Vernunftarguments oder der gelehrten Auseinandersetzung waren. Nachdem nun der erste Schreck vorüber war, der durch die neuen Behauptungen und Prinzipien der Philosophen entstand, scheinen diese Lehrer während des gan-

* Luciani εὐνοῦχος 3.

** Id. u. Dic.

zen übrigen Altertums in großer Harmonie mit dem herrschenden Aberglauben gelebt und sich redlich mit ihm in die Menschheit geteilt zu haben: die ersteren beanspruchten alle Gebildeten und Klugen, der letztere besaß die Masse der Ungebildeten.

Du scheinst also, antwortete ich, Politisches ganz außer Betracht zu lassen und nicht anzunehmen, daß eine kluge Obrigkeit mit Recht auf gewisse philosophische Lehren eifersüchtig sein kann, etwa auf jene des Epikur, die mit ihrer Leugnung der Existenz Gottes und folglich einer Vorsehung und eines künftigen Daseins in beträchtlichem Maße die Bande der Sittlichkeit zu lockern scheinen und aus diesem Grunde als schädlich für den Frieden der bürgerlichen Gesellschaft angesehen werden können.

Ich weiß, erwiderte er, daß in der Tat diese Verfolgungen niemals, zu keiner Zeit, aus ruhiger Überlegung oder aus der Erfahrung der schädlichen Folgen der Philosophie kamen, sondern ausschließlich Leidenschaft und Vorurteil entsprangen. Wie aber, wenn ich weitergehen und behaupten wollte, daß Epikur, hätte man ihn durch einen der *Sycophanten* oder Denunzianten jener Tage öffentlich vor dem Volke angeklagt, seine Sache leicht hätte vertreten und beweisen können, daß seine philosophischen Prinzipien ebenso heilsam waren wie jene seiner Widersacher, die mit solchem Eifer versuchten, ihn öffentlichem Haß und Mißgunst auszusetzen?

Ich wünschte, entgegnete ich, du versuchtest deine Redegabe an einem so außerordentlichen Gegenstand und hieltest eine Rede für Epikur, die zwar nicht den Pöbel von Athen zu befriedigen brauchte – wenn man einräumen will, daß jene antike und kultivierte Stadt überhaupt Pöbel besessen hat –, sondern den philosophischeren Teil seiner Zuhörerschaft, den man fähig erachten könnte, seine Argumente zu verstehen.

Unter diesen Voraussetzungen würde die Sache nicht schwer sein, antwortete er, und wenn du erlaubst, werde ich mich selbst für einen Augenblick für Epikur halten und dich für das Volk von Athen. Ich werde dir eine derart feierliche Ansprache halten, daß sich die ganze Urne mit weißen Bohnen füllen wird und keine schwarze bleibt, die Bosheit meiner Gegner zu erfreuen.

Sehr gut. Beginne unter diesen Voraussetzungen.

Ich trete vor euch hin, o ihr Athener, um in eurer Versammlung das zu rechtfertigen, was ich in meiner Schule lehrte. Ich finde mich angeklagt von wütenden Gegnern, statt mit ruhigen und leidenschaftslosen Forschern vernünftig zu reden. Eure Erwägungen, die von Rechts wegen auf Fragen des Gemeinwohls und des Staatsinteresses gerichtet sein sollten, haben sich Untersuchungen der spekulativen Philosophie zugewendet; und diese großartigen, wenn auch vielleicht fruchtlosen Untersuchungen, treten an die Stelle eurer vertrauteren, aber auch nützlicheren Beschäftigungen. Soweit es an mir ist, will ich diesen Mißbrauch verhindern. Wir werden hier nicht über Ursprung und Regierung der Welten streiten. Wir werden einzig untersuchen, wieweit solche Fragen das öffentliche Interesse betreffen. Und wenn ich euch überzeugen kann, daß sie für den Frieden der Gesellschaft und die Sicherheit der Regierung völlig unbedeutend sind, so hoffe ich, daß ihr uns unverzüglich zu unseren Schulen entlaßt, damit wir dort in Muße die Frage prüfen können, welche die erhabenste, aber zugleich auch die tiefgründigste der ganzen Philosophie ist.

Die Religionsphilosophen, die sich nicht mit der Überlieferung eurer Vorfahren und der Lehre eurer Priester (der ich mich gerne unterwerfe) begnügen, sind von vorschneller Wißbegier, wenn sie untersuchen, wieweit sie Religion auf Vernunftprinzipien gründen können. So erregen sie Zweifel, statt sie zu befriedigen, die ganz natürlich bei einer sorgfältigen und eindringlichen Untersuchung entstehen müssen. Sie malen in den erhabensten Farben die Ordnung, Schönheit und weise Einrichtung des Universums und stellen dann die Frage, ob eine solche herrliche Entfaltung der Einsicht aus der zufälligen Anordnung der Atome entstehen oder ob der Zufall hervorbringen könne, was der größte Geist nicht genug bewundern kann. Ich werde nicht die Berechtigung dieses Arguments untersuchen, sie mag so stichhaltig sein, wie es meine Gegner und Ankläger nur wünschen können. Es genügt, wenn ich aus diesem Gedankengang beweisen kann, daß diese Frage völlig spekulativ ist und daß, wenn ich in meinen philosophischen Betrachtungen eine Vorsehung und ein künftiges Leben leugne, ich nicht die Grundlage der Gesellschaft untergrabe, sondern Prinzipien aufstelle, die sie selbst, auf ihren eigenen Gebieten und wenn sie folgerichtig denken, als tragfähig und zufriedenstellend anerkennen müssen.

Ihr, die ihr meine Ankläger seid, habt anerkannt, daß das hauptsächliche oder einzige Argument für die Existenz Gottes (die ich niemals in Frage stellte) aus der Ordnung der Natur kommt, in der sich solche Anzeichen von Intelligenz und Planmäßigkeit zeigen, daß es euch ausgefallen dünkt, als deren Ursache entweder den Zufall oder die blinde und richtungslose Kraft der Materie anzugeben. Ihr gebt zu, daß dies ein Argument ist, das von den Wirkungen auf die Ursachen schließt. Aus der Ordnung des Werkes schließt ihr, der Werkmeister müsse nach Plan und mit Vorbedacht verfahren sein. Könnt ihr diesen Punkt nicht sicherstellen, dann gebt ihr zu, daß eure Schlußfolgerung verfehlt ist, und ihr beansprucht nicht, dem Schluß größere Geltung zu verschaffen, als die Naturphänomene es rechtfertigen. Das sind eure Zugeständnisse. Ich möchte, daß ihr das hieraus Folgende beachtet.

Wenn wir irgendeine bestimmte Ursache aus einer Wirkung herleiten, müssen wir die eine zur anderen ins Verhältnis setzen, und es ist uns niemals erlaubt, der Ursache andere Qualitäten zuzuschreiben, als sie genau zur Hervorbringung der Wirkung ausreichen. Wenn ein zehn Unzen schwerer Körper sich in einer Waagschale hebt, kann das als Beweis dienen, daß das Gegengewicht zehn Unzen übersteigt, niemals aber kann es einen Grund dafür abgeben, daß es hundert übersteigt. Reicht die Ursache, die einer Wirkung zugeschrieben wird, zu ihrer Hervorbringung nicht aus, müssen wir entweder jene Ursache abweisen oder ihr solche Qualitäten hinzufügen, die sie in ein rechtes Verhältnis zur Wirkung bringen. Legen wir ihr jedoch noch weitere Qualitäten bei, oder halten wir sie für fähig, andere Wirkungen hervorzubringen, so geben wir nur Vermutungen Raum und nehmen willkürlich, ohne Grund oder Verbindlichkeit, die Existenz von Qualitäten und Energien an.

Diese selbe Regel gilt, mag es sich um toten, unbewußten Stoff oder um ein vernünftiges Wesen als Ursache handeln. Wäre die Ursache nur durch ihre Wirkung bekannt, so sollten wir ihr keine Qualitäten zuschreiben, die über das zum Erzielen der Wirkung Erforderliche hinausgehen; wir können auch nicht, wenn wir folgerichtig denken, wieder von der Ursache ausgehen und aus ihr andere Wirkungen herleiten als jene, durch welche sie uns allein bekannt ist. Niemand könnte aus der bloßen Betrachtung eines Bildes von Zeuxis wissen, daß er auch ein Bildhauer und Baumeister ist und als Künstler in Stein und Marmor nicht minder geschickt als in Farben. Nur die Talente und den Geschmack, die sich in dem besonderen vorliegenden Werk entfalten, können wir mit Sicherheit als Eigenschaften seinem Künstler zuschreiben. Die Ursache muß im Verhältnis zur Wirkung stehen, und wenn wir sie exakt und genau proportionieren, werden wir nie in ihr Qualitäten finden, die weiterführen oder die Ableitung irgendeines anderen Planes oder Werkes erfordern. Solche Qualitäten müßten jenseits dessen liegen, was zur bloßen Hervorbringung der Wirkung, die wir untersuchen, erforderlich ist.

Zugegeben also, die Götter seien die Urheber der Existenz und Ordnung des Universums, so folgt, daß sie genau jenen Grad an Macht, Intelligenz und Güte besitzen, der in ihren Werken erscheint; nichts darüber hinaus kann jemals bewiesen werden, außer wir berufen uns auf Übertreibung und Schmeichelei, um die Mängel der vernünftigen Argumentation zu ersetzen. Soweit sich die Spuren der Eigenschaften jetzt zeigen, soweit können wir auf die Existenz dieser Eigenschaften schließen. Die Annahme weiterer Eigenschaften ist bloße Hypothese, noch mehr die Annahme, daß es in fernen Räumen oder Zeiten eine großartigere Kundgabe dieser Eigenschaften und ein solchen eingebildeten Eigenschaften entsprechenderes Ordnungsschema gegeben habe oder geben werde: Es kann uns niemals gestattet sein, vom Universum als der Wirkung zu Jupiter als der Ursache aufzusteigen und dann herabzusteigen, um aus dieser Ursache eine neue Wirkung abzuleiten – als ob die gegenwärtigen Wirkungen allein nicht ganz der ruhmreichen Eigenschaften würdig wären, die wir der Gottheit beilegen. Da die Kenntnis der Ursache ausschließlich aus der Wirkung hergeleitet ist, müssen beide einander genau angemessen sein, und das eine kann sich auf nichts weiteres beziehen oder die Grundlage einer neuen Ableitung und Schlußfolgerung sein.

Ihr findet gewisse Phänomene in der Natur. Ihr sucht nach einer Ursache oder einem Urheber. Ihr bildet euch ein, ihn gefunden zu haben. Ihr verliebt euch nachher so in euer Hirngespinst, daß es euch unmöglich dünkt, es sollte nicht etwas Größeres und Vollkommeneres hervorbringen als das gegenwärtige Schauspiel der Dinge, das so voll Übel und Unordnung ist. Ihr vergeßt, daß diese überlegene Intelligenz und Güte völlig imaginär oder, zumindest, ohne jede vernünftige Grundlage ist und daß ihr keinen Grund habt, ihr andere Qualitäten zuzuschreiben außer denen, die ihr wirklich in ihren Werken ausgeübt und entfaltet seht. Laßt deshalb, o Philosophen, eure Götter dem gegenwärtigen Erscheinungsbild der Natur entsprechen und trachtet nicht, diese Erscheinungen durch willkürliche Unterstellungen zu verändern, um sie den Eigenschaften anzupassen, die ihr so gerne euren Gottheiten beilegt.

Wenn Priester und Dichter, durch eure Autorität, Athener, unterstützt, von einem goldenen oder silbernen Zeitalter reden, das dem gegenwärtigen Zustand des Lasters und Elends voraufging, höre ich ihnen aufmerksam und ehrfürchtig zu. Wenn aber Philosophen, die vorgeben, auf Autorität nichts zu geben und die Vernunft zu pflegen, die gleiche Rede halten, so muß ich bekennen, daß ich ihnen nicht die gleiche unterwürfige Ergebenheit und Ehrerbietung zolle. Ich frage: wer führte sie in die himmlischen Gefilde, wer verschaffte ihnen Zugang zum Rate der Götter, wer öffnete ihnen das Buch des Schicksals, daß sie so voreilig behaupten, ihre Gottheiten hätten einen Plan ausgeführt oder würden ihn ausführen, der über die Erscheinungswelt hinausginge? Erzählen sie mir, sie seien auf den Stufen der Vernunftleiter emporgestiegen, indem sie von Wirkungen auf Ursachen schlossen, beharre ich weiter darauf, daß sie diesen Aufstieg der Vernunft durch die Einbildung beflügelt haben, denn sonst könnten sie die Art ihres Schlußfolgerns nicht in solcher

Weise ändern und von Ursachen auf Wirkungen schließen, in der Annahme, daß ein vollkommeneres Erzeugnis als unsere gegenwärtige Welt solchen vollkommenen Wesen wie den Göttern angemessener sein würde, und dabei vergessen, daß sie keinen Grund haben, diesen Himmelswesen irgendeine andere Vollkommenheit oder Eigenschaft außer den in unserer Welt anzutreffenden beizulegen.

Hieraus stammen alle die fruchtlosen Bemühungen, Rechenschaft für die Erscheinungen des Übels in der Natur zu geben und die Ehre der Götter zu retten, während wir doch die Realität jenes Übels und jener Unordnung anerkennen müssen, von welcher die Welt so sehr erfüllt ist. Die widerspenstigen und starren Qualitäten der Materie, so erzählt man uns, oder die Befolgung allgemeiner Sätze oder irgendein solcher Grund sei die einzige Ursache, die allein Macht und Güte Jupiters einschränkte und ihn zwang, die Menschen und jede vernünftige Kreatur so unvollkommen und unglücklich zu erschaffen. Diese Eigenschaften scheint man also von vornherein in ihrer weitesten Ausdehnung als erwiesen anzunehmen, und unter dieser Voraussetzung gebe ich zu, daß solche Vermutungen vielleicht als einleuchtende Lösungen der Erscheinungen des Übels zugelassen werden können. Aber noch immer frage ich: Warum sollen wir diese Eigenschaften für erwiesen hinnehmen, oder warum sollen wir der Ursache andere Qualitäten als die tatsächlich in der Wirkung erscheinenden zuschreiben? Warum quält ihr euer Hirn damit, den Lauf der Natur unter Voraussetzungen zu rechtfertigen, die – wie ihr wißt – völlig imaginär sein mögen und von denen keine Spuren im Laufe der Natur zu finden sind?

Die religiöse Hypothese ist deshalb nur als eine besondere Methode zur Erklärung der sichtbaren Phänomene des Universums zu betrachten; aber kein folgerichtig Denkender wird je wagen, hieraus irgendeine Einzeltatsache herzuleiten oder die Phänomene in einer besonderen Einzelheit zu ändern oder zu ergänzen. Wenn ihr meint, die Erscheinungen der Dinge bewiesen solche Ursachen, dann ist es auch erlaubt, auf die Existenz dieser Ursachen zu schließen. Bei so schwierigen und tiefen Problemen sollte jedem die Freiheit der Meinung und Begründung gestattet sein. Aber hier solltet ihr haltmachen. Wenn ihr umkehrt und aus euren gefolgerten Ursachen schließt, daß irgendeine andere Tatsache im Naturgeschehen existiert hat oder existieren wird, die als vollständigere Darlegung der einzelnen Eigenschaften dienen kann, muß ich euch warnen, daß ihr euch von der dem vorliegenden Gegenstand zukommenden Vernunftmethode abgewendet und gewiß den Eigenschaften der Ursache etwas hinzugefügt habt, das über das in der Wirkung sich Zeigende hinausgeht; denn anderenfalls könntet ihr niemals in leidlich sinnvoller und angemessener Weise die Wirkung um etwas bereichern, um sie der Ursache würdiger erscheinen zu lassen.

Worin liegt also das Verabscheuungswürdige jener Lehre, die ich in meiner Schule lehre oder, besser, die ich in meinen Gärten erörtere? Oder könnt ihr in dieser ganzen Frage etwas entdecken, das die Sicherheit der guten Sitten oder Frieden und Ordnung der Gesellschaft im geringsten beeinträchtigte?

Ihr sagt, ich leugne eine Vorsehung und einen obersten Herrn der Welt, der den Ablauf des Geschehens lenkt und in allem, was sie tun, die Lasterhaften mit Schande und Enttäuschung straft, die Tugendhaften mit Ehre und Erfolg belohnt. Aber ich leugne keineswegs den Geschehensablauf selbst, der sich jedermanns Untersuchung und Prüfung offen darbietet. Ich erkenne an, daß in unserer Ordnung der Dinge die Tugend mehr Seelenfrieden mit sich bringt als das Laster und in der Welt günstiger aufgenommen wird. Es ist mir klar, daß nach den bisherigen Erfahrungen der Menschen Freundschaft die Hauptfreude des menschlichen Lebens ist und Mäßigkeit der einzige Quell der Ruhe und des Glücks. Ich schwanke niemals zwischen der tugendhaften und der lasterhaften Lebensführung, sondern bin mir bewußt, daß für einen wohlgeratenen Charakter jeder Vorteil auf seiten der ersteren liegt. Was aber könnt ihr mehr sagen, selbst wenn ich alle eure Voraussetzungen und Erwägungen zugebe? Ihr entgegnet mir allerdings, daß diese Anordnung der Dinge aus einer Intelligenz und einem Plan hervorgehe. Aber woher sie auch immer stammen mag: Die Ordnung selbst, von der unser Glück und Elend abhängen und folglich unser Lebenslauf und unsere Lebensführung, bleibt stets die gleiche. Es steht mir, wie euch, stets frei, mein Verhalten nach meiner bisherigen Erfahrung einzurichten; und wenn ihr behauptet, daß bei Anerkennung einer göttlichen Vorsehung und einer obersten austeilenden Gerechtigkeit im All ich noch eine über den normalen Lauf der Dinge hinausgehende besondere Belohnung für das Gute und Bestrafung für das Böse erwarten müßte, so bemerke ich hier den gleichen Irrtum, den ich vorhin aufzudecken versuchte. Ihr verharrt in der Einbildung, daß, wenn wir die göttliche Existenz, für die ihr so eifrig streitet, zugestehen, ihr ungehindert daraus Folgerungen ziehen und der erfahrungsmäßigen Naturordnung etwas hinzufügen könnt, indem ihr mit den Eigenschaften, die ihr euren Göttern beilegt, argumentiert. Ihr scheint zu vergessen, daß alle eure Gedankengänge über diesen Gegenstand nur von den Wirkungen auf die Ursachen gehen können und daß jedes von den Ursachen auf die Wirkungen abgeleitete Argument notwendigerweise ein grober Trugschluß sein muß. Es ist euch nämlich unmöglich, von der Ursache irgend etwas zu wissen außer dem, was ihr vorher in der Wirkung in vollem Umfange entdeckt, nicht aber aus ihr abgeleitet habt.

Was muß nun ein Philosoph von solchen eingebildeten Denkern halten, die, anstatt unseren Schauplatz der Dinge als den einzigen Gegenstand ihrer Betrachtung anzusehen, so sehr das ganze Naturgeschehen umkehren, daß sie dieses Leben nur zu einem Durchgangsstadium für etwas Weiteres machen; zu einer Vorhalle, die in ein größeres, völlig andersartiges Gebäude führt; zu einer Vorrede, die nur dazu dient, das Stück einzuleiten und ihm mehr Anmut und Gefälligkeit zu verleihen? Was meint ihr wohl, woraus solche Philosophen ihre Vorstellung von den Göttern ableiten? Sicherlich nur aus ihrem eigenen Bewußtsein (conceit) und ihrer Phantasie. Hätten sie diese nämlich aus den gegebenen Phänomenen hergeleitet, würden sie auf nichts Weiteres verweisen, sondern ihnen genau entsprechen. Daß die Gottheit *möglicherweise* mit Eigenschaften ausgestattet sein mag, die wir in ihren Auswirkungen niemals gesehen haben, daß sie in ihrem Handeln von Prinzipien regiert sein kann, deren Erfüllung wir nicht entdecken können: alles das wollen wir bereitwillig einräumen. Aber das ist immer noch bloße *Möglichkeit* und Hypothese. Wir können niemals einen Grund haben, irgendwelche Eigenschaften oder Handlungsprinzipien Gottes *herzuleiten*, außer insofern wir um ihre Auswirkung und Erfüllung wissen.

Gibt es irgendwelche Anzeichen für eine austeilende Gerechtigkeit in der Welt? Bejaht ihr diese Frage, so folgere ich, daß der sich hier äußernden Gerechtigkeit Genüge geschieht. Verneint ihr die Frage, dann schließe ich, daß ihr keinen Grund habt, Gerechtigkeit in dem uns geläufigen Sinne den Göttern zuzuschreiben. Haltet ihr die Mitte zwischen Bejahung und Verneinung, indem ihr sagt, daß sich die Gerechtigkeit der Götter gegenwärtig zum Teil, aber nicht in vollem

Maße äußere, dann antworte ich, daß ihr keinen Grund habt, ihr ein anderes Ausmaß als das zu geben, dessen Auswirkung ihr *gegenwärtig* seht.

So, ihr Athener, bringe ich den Streit mit meinen Widersachern zu einem raschen Ende. Der Gang der Natur liegt offen vor meiner wie ihrer Betrachtung. Der erfahrungsmäßige Gang des Geschehens ist das große Richtmaß für unsere Lebensführung. Auf nichts anderes kann man sich im Felde und im Rate berufen. Von nichts anderem sollte in der Schule wie im Studierzimmer geredet werden. Vergeblich möchte unser begrenzter Verstand die Grenzen durchbrechen, die zu eng für unsere unmäßige Einbildung sind. Indem wir aus dem Naturgeschehen schließen und eine besondere vernünftige Ursache ableiten, welche der Welt im Anfang Ordnung verlieh und noch immer erhält, huldigen wir einem Prinzip, das sowohl ungewiß wie nutzlos ist. Es ist ungewiß, weil der Gegenstand völlig jenseits des Bereiches menschlicher Erfahrung liegt; es ist nutzlos, weil unser Wissen um diese Ursachen, das einzig aus dem Naturgeschehen gewonnen ist, uns nie – den Regeln folgerichtigen Denkens entsprechend – dazu führen kann, von der Ursache irgendwelche Folgerungen abzuleiten oder durch Bereicherung des gewöhnlichen und erfahrenen Naturablaufs neue Prinzipien der Lebensführung und des Verhaltens aufzustellen.

Ich stelle fest, sagte ich nach Beendigung seiner Rede, daß du die Kniffe der alten Demagogen nicht verschmähst, und da es dir gefiel, mich das Volk darstellen zu lassen, schmeichelst du dich in meine Gunst ein, indem du solche Grundsätze annimmst, für die ich, wie du weißt, stets besondere Vorliebe gezeigt habe. Aber wenn ich dir auch gestatte, Erfahrung zum einzigen Maßstab unserer Beurteilung dieser und aller anderen Tatsachenfragen zu machen (wie du es in der Tat tun sollltest), so zweifle ich doch nicht daran, daß es auf Grund der gleichen Erfahrung, auf die du dich berufst, möglich sein dürfte, den Gedankengang zu widerlegen, den du dem Epikur in den Mund gelegt hast. Wenn du z. B. ein halbfertiges Gebäude erblicktest, umgeben von Ziegel-, Stein- und Mörtelhaufen und allem Maurerwerkzeug, könntest du dann nicht aus der Wirkung *ableiten*, daß es ein Werk planvoller Absicht ist? Und könntest du dann nicht, von dieser gefolgerten Ursache, wiederum zurückgehen und dieser Wirkung Neues hinzufügen und schließen, daß das Gebäude bald beendet sein und alle weiteren Verbesserungen erhalten werde, welche die Kunst ihm zuteilen könnte? Wenn du am Meeresufer den Abdruck eines menschlichen Fußes sähest, würdest du daraus schließen, daß hier ein Mensch gegangen sei und auch die Spur des anderen Fußes hinterlassen habe, obgleich diese durch das Sandtreiben und die Überschwemmung des Wassers ausgelöscht ist. Warum lehnst du dann das gleiche Denkverfahren in bezug auf die Naturordnung ab? Betrachte die Welt und das gegenwärtige Leben nur als ein unvollkommenes Bauwerk, von dem du auf eine höhere Intelligenz schließen kannst; und warum willst du nicht, von dieser höheren Intelligenz, die nichts unvollkommen lassen kann, ausgehend, auf einen vollendeteren Entwurf oder Plan schließen, der seine Erfüllung an entfernterer Stelle oder zu späterer Zeit finden wird? Sind diese beiden Denkverfahren nicht völlig gleichartig? Unter welchem Vorwand kannst du das eine annehmen, das andere aber verwerfen?

Die unendliche Verschiedenheit der Gegenstände, entgegnete er, ist ein ausreichender Grund für diese Verschiedenheit in meinen Schlüssen. Bei Werken *menschlicher* Kunst und Erfindung ist es zulässig, von der Wirkung zur Ursache fortzuschreiten und – sich zurückwendend von der Ursache – aus dieser neue Folgerungen für die Wirkung zu ziehen und die Veränderungen zu untersuchen, die diese wahrscheinlich durchgemacht hat oder durchmachen kann. Worauf beruht aber diese Methode des Denkens? Offenbar darauf, daß der Mensch ein Wesen ist, das wir aus Erfahrung kennen, dessen Beweggründe und Absichten uns vertraut sind und dessen Pläne und Neigungen bestimmte Verknüpfung und Zusammenhang haben, den Gesetzen entsprechend, welche die Natur für die Leitung eines solchen Geschöpfes errichtet hat. Stellen wir somit fest, daß ein Werk der Geschicklichkeit und der Arbeit des Menschen entstammt, können wir auf Grund unseres sonstigen Vertrautseins mit der Natur dieses Lebewesens hunderterlei Schlüsse darüber ziehen, was von ihm zu erwarten ist; und alle diese Schlüsse werden auf Erfahrung und Beobachtung gegründet sein. Würden wir jedoch den Menschen nur von dem einzigen Werke oder Produkt kennen, das wir untersuchen, wäre es unmöglich, in dieser Weise zu argumentieren. Da unsere Kenntnis aller Qualitäten, die wir ihm beilegen, in diesem Falle aus dem Werke hergeleitet ist, können sie unmöglich darüber hinausführen oder die Grundlage irgendeiner neuen Ableitung sein. Der Fußabdruck im Sand kann, für sich genommen, nur beweisen, daß es eine entsprechende Gestalt gab, die ihn hervorgebracht hat. Doch der Abdruck eines menschlichen Fußes beweist desgleichen, nach unserer anderweitigen Erfahrung, daß es wahrscheinlich einen anderen Fuß gab, der auch seinen – wenn auch durch die Zeit oder andere Umstände ausgelöschten – Eindruck hinterließ. Hier steigen wir von der Wirkung zur Ursache auf, und indem wir wieder von der Ursache herabsteigen, leiten wir Veränderungen in der Wirkung ab. Das ist aber keine Fortsetzung derselben einfachen Kette von Gedankengängen. Wir fassen in diesem Falle hundert andere Erfahrungen und Beobachtungen zusammen, welche die *übliche* Gestalt und die Gliedmaßen jener Art von Lebewesen betreffen, ohne welche dieses Schlußverfahren als falsch und trügerisch angesehen werden muß.

Anders verhält es sich mit unseren Schlüssen aus den Werken der Natur. Die Gottheit ist uns nur aus ihren Werken bekannt; sie ist ein Einzelwesen im Universum, nicht unter eine Art oder Gattung subsumierbar, von deren durch Erfahrung bekannten Eigenschaften oder Qualitäten wir – per Analogie – auf eine Eigenschaft oder Qualität in ihr schließen können. Da das Universum Weisheit und Güte zeigt, schließen wir auf Weisheit und Güte. Da es einen bestimmten Grad dieser Vollkommenheiten zeigt, schließen wir auf einen bestimmten Grad derselben, der genau der von uns untersuchten Wirkung angepaßt ist. Es ist nun aber durch keine Regel des logischen Denkens gestattet, weitere Eigenschaften oder Grade derselben Eigenschaften abzuleiten oder anzunehmen. Ohne zu einer solchen Annahme berechtigt zu sein, ist es uns aber unmöglich, von der Ursache aus zu argumentieren oder eine Veränderung in der Wirkung zu erschließen, die über das von uns unmittelbar Beobachtete hinausgeht. Ein von diesem Wesen hervorgebrachtes größeres Gut muß einen größeren Grad der Güte beweisen; eine unparteiischere Verteilung von Lohn und Strafe muß aus höherer Achtung vor Recht und Gerechtigkeit erfolgen. Jeder angenommene Zusatz zu den Werken der Natur fügt den Eigenschaften des Schöpfers der Natur etwas hinzu; er kann folglich, da er durch gar keinen Vernunftbeweis unterstützt wird, nur als reine Vermutung oder Hypothese gelten*.

* Es läßt sich wohl im allgemeinen als Grundsatz aufstellen, daß, wo eine Ursache nur aus ihren Einzelwirkungen bekannt ist, es unmöglich ist, aus dieser Ursache irgendwelche neuen Wirkungen

Die große Quelle der Fehler auf diesem Gebiete und der haltlosen Vermutungen, die wir uns erlauben, ist, daß wir uns stillschweigend an die Stelle des höchsten Wesens versetzen und schließen, daß es sich bei jeder Gelegenheit genauso verhalten wird, wie wir es, an seiner Stelle, als vernünftig und angemessen empfunden hätten. Aber abgesehen davon, daß der gewöhnliche Lauf der Natur uns überzeugt, daß beinahe alles nach Prinzipien und Grundsätzen geleitet wird, die von unseren stark abweichen, abgesehen davon, sage ich, muß es offenbar allen Regeln der Analogie zuwider erscheinen, von den Absichten und Plänen der Menschen auf diejenigen eines so andersartigen und derart überlegenen Wesens zu schließen. Es gibt erfahrungsgemäß in der menschlichen Natur einen bestimmten Zusammenhang von Plänen und Neigungen, so daß es, wenn wir an Hand irgendeiner Tatsache die Absicht eines Menschen entdeckt haben, oft vernünftig sein mag, auf Grund der Erfahrung eine andere abzuleiten und eine lange Kette von Schlüssen hinsicht-

herzuleiten; denn die Qualitäten, die zur Hervorbringung dieser neuen wie der früheren Wirkungen erforderlich sind, müssen von jenen, die einfach die Wirkung hervorbrachten, aus der – wie wir annehmen – uns die Ursache allein bekannt ist, entweder verschieden oder ihnen überlegen oder von umfassenderer Erstreckung sein. Daher können wir niemals einen Grund haben, die Existenz dieser Qualitäten anzunehmen. Sagt man, die neuen Wirkungen entstünden nur aus einer Fortdauer derselben Energie, die uns schon aus den ersten Wirkungen bekannt ist, so wird die Schwierigkeit nicht behoben. Selbst wenn wir annehmen, das sei der Fall (was man aber selten annehmen darf), so ist die Fortdauer und Anwendung einer gleichen Energie (denn es kann unmöglich völlig dieselbe sein) an anderem Orte und zu anderer Zeit eine völlig willkürliche Annahme, und es ist unmöglich, daß sich Spuren davon in den Wirkungen zeigen, von denen all unser Wissen um die Ursache ursprünglich hergeleitet ist. Entspricht die *abgeleitete* Ursache völlig (wie es sein sollte) der bekannten Wirkung, so kann sie unmöglich Qualitäten besitzen, aus denen neue oder andere Wirkungen *abgeleitet* werden können.

lich seines früheren oder künftigen Verhaltens zu ziehen. Diese Methode des Schließens ist aber völlig fehl am Platze hinsichtlich eines Wesens, das so fern und unfaßbar ist, das viel weniger Ähnlichkeit mit irgendeinem anderen Wesen im Universum zeigt als die Sonne mit einer Wachskerze und das sich nur durch einige schwache Spuren und Umrisse mitteilt, über die hinaus wir nicht berechtigt sind, ihm irgendeine Eigenschaft oder Vollkommenheit zuzuschreiben. Was wir für eine höhere Vollkommenheit halten, kann in Wirklichkeit ein Mangel sein. Wäre es aber auch noch so sehr eine Vollkommenheit, und schreibt man sie dem höchsten Wesen dort zu, wo sie sich offenbar nicht in vollem Maße in seinen Werken auswirkt, dann schmeckt das mehr nach Schmeichelei und Lobhudelei als nach richtigem Vernunftgebrauch und wohlbegründeter Philosophie. Alle Philosophie der Welt und alle Religion, die nichts als eine Art von Philosophie ist, wird deshalb nie in der Lage sein, uns über das übliche Erfahrungsgeschehen hinauszuführen oder uns Maßstäbe des Benehmens und Verhaltens zu geben, die von den durch Reflexion auf das tägliche Leben gewonnenen abweichen. Keine neue Tatsache kann jemals aus der religiösen Hypothese gefolgert, kein Ereignis vorhergesehen oder vorausgesagt, weder Lohn noch Strafe erhofft oder befürchtet werden, die über das hinaus liegen, was wir schon aus Lebenspraxis und Beobachtung wissen. So wird meine Apologie für Epikur noch immer gesichert und zufriedenstellend erscheinen, und die politischen Interessen der Gesellschaft haben nichts gemein mit den philosophischen Auseinandersetzungen über Metaphysik und Religion.

Du scheinst aber, erwiderte ich, einen Umstand übersehen zu haben. Wenn ich auch diese Prämissen zugäbe, so müßte ich doch deine Schlußfolgerung bestreiten. Du folgerst, daß religiöse Lehren und Erörterungen das

Leben nicht beeinflussen *können*, weil sie keinen Einfluß haben *sollten*; du bedenkst nicht, daß die Menschen nicht in gleicher Weise wie du denken, sondern aus dem Glauben an eine göttliche Existenz viele Schlüsse ziehen und der Meinung sind, die Gottheit verhänge – über das hinausgehend, was sich im gewöhnlichen Naturgeschehen zeigt – Strafen über das Laster und erteile Belohnungen für die Tugend. Ob dieser ihr Gedankengang richtig ist oder nicht, tut nichts zur Sache: sein Einfluß auf ihr Leben und Verhalten muß der gleiche bleiben. Diejenigen, die sie von solchen Vorurteilen bekehren wollen, mögen, wie mich dünkt, gute Denker sein, als gute Bürger und Politiker jedoch kann ich sie nicht gelten lassen. Sie befreien nämlich die Menschen von einer Schranke ihrer Leidenschaften und machen – in gewisser Hinsicht – die Übertretung der Gesetze der Gesellschaft leichter und ungefährlicher.

Nach alledem kann ich vielleicht dieser allgemeinen Schlußfolgerung zugunsten der Freiheit wohl beipflichten, wenn auch aus anderen Prämissen als denen, darauf du sie zu gründen versuchst. Ich meine, der Staat sollte jedes philosophische Prinzip dulden, und es gibt kein Beispiel, daß solche Nachsicht irgendeiner Regierung je zum Schaden gewesen wäre. Die Philosophen sind keine Schwärmer, ihre Lehren locken das Volk nicht an, und man kann ihren Gedankengängen keine Schranke setzen, die nicht von gefährlicher Konsequenz für die Wissenschaften, ja selbst für den Staat sein müßte, da sie Verfolgung und Unterdrückung in solchen Dingen den Weg ebnet, wo die Allgemeinheit der Menschen sehr tief beteiligt und betroffen ist.

Indes bemerke ich hier (fuhr ich fort) bezüglich deiner Hauptthesen eine Schwierigkeit, die ich dir kurz dartun möchte, ohne sie besonders zu betonen, damit sie uns nicht auf zu feine und heikle Gedankengänge führt. Kurz, ich bezweifle sehr, daß es möglich ist, eine

Ursache nur aus ihrer Wirkung zu erkennen (wie du es die ganze Zeit angenommen hast), oder daß sie so einzigartiger und besonderer Natur sei, daß sie keine Parallele und keine Ähnlichkeit mit einer anderen Ursache oder einem anderen Gegenstand besitze, den wir je beobachtet haben. Nur wenn zwei *Arten* von Gegenständen als beständig miteinander verbunden angetroffen werden, können wir den einen aus dem anderen herleiten. Stellte sich uns jedoch eine völlig einmalige Wirkung dar, die nicht unter eine bekannte *Art* subsumiert werden könnte, so sehe ich nicht, daß wir irgendeine Mutmaßung oder Ableitung hinsichtlich ihrer Ursache bilden könnten. Sind Erfahrung, Beobachtung und Analogie tatsächlich die einzigen Führer, denen wir vernünftigerweise bei Schlüssen dieser Art folgen können, so müssen beide, Wirkung und Ursache, eine Gleichartigkeit und Ähnlichkeit mit anderen uns bekannten Wirkungen und Ursachen aufweisen, die wir in vielen Fällen als miteinander verbunden angetroffen haben. Ich überlasse es deiner eigenen Reflexion, die Konsequenzen dieses Prinzips zu verfolgen. Ich will nur bemerken: Da die Widersacher Epikurs stets annehmen, daß das Universum – eine völlig einmalige und beispiellose Wirkung – der Beweis für eine Gottheit – eine nicht minder einmalige und beispiellose Ursache – sei, so scheinen diese Erwägungen unter dieser Voraussetzung zumindest unsere Aufmerksamkeit zu verdienen. Ich gestehe, daß eine Schwierigkeit besteht, wie wir jemals von der Ursache zur Wirkung zurückgehen und – ausgehend von unseren Vorstellungen über die erstere – irgendeine Veränderung oder Bereicherung in der letzteren ableiten können.

ZWÖLFTER ABSCHNITT

Über die akademische oder skeptische Philosophie

Erster Teil

Kein Gegenstand hat mehr philosophische Erwägungen angeregt als der Beweis für das Dasein einer Gottheit und die Widerlegung der Trugschlüsse der *Atheisten*; dennoch streiten die frömmsten Philosophen noch immer darüber, ob jemand so mit Blindheit geschlagen sein könnte, ein spekulativer Atheist zu sein. Wie sollen wir diese Widersprüche versöhnen? Die fahrenden Ritter, die umherzogen, die Welt von Drachen und Riesen zu säubern, hegten niemals den geringsten Zweifel an der Existenz dieser Ungeheuer.

Der *Skeptiker* ist ein anderer Feind der Religion, der naturgemäß den Unwillen aller Theologen und ernsthaften Philosophen erregt, obwohl es gewiß ist, daß noch niemand einem so törichten Geschöpf begegnet ist oder mit jemandem verkehrt hat, der keinerlei Meinung oder Prinzip über irgendeinen Gegenstand des Handelns oder der Spekulation hatte. Das führt natürlicherweise zu der Frage: Was versteht man unter einem Skeptiker? Und wieweit lassen sich diese philosophischen Prinzipien des Zweifels und der Unbestimmbarkeit treiben?

Es gibt eine aller Forschung und Philosophie *vorhergehende* Art des Skeptizismus, die von Descartes und anderen als überlegener Schutz gegen Irrtum und

Vorurteil sehr empfohlen wird. Sie empfiehlt den allgemeinen Zweifel, nicht nur an allen unseren früheren Meinungen und Prinzipien, sondern auch an unseren Fähigkeiten selbst, von deren Glaubwürdigkeit, wie sie sagen, wir uns durch eine Kette von Denkakten überzeugen müssen, die aus einem ursprünglichen Prinzip abgeleitet sind, das unmöglich trügerisch oder falsch sein kann. Aber weder gibt es ein solches ursprüngliches Prinzip, das den Vorrang vor anderen besäße, die selbstevident und überzeugend sind, noch könnten wir, sofern es ein solches gäbe, einen Schritt darüber hinausgehen ohne die Anwendung eben jener Fähigkeiten, denen wir doch schon mißtrauen wollten. Der cartesianische Zweifel wäre also, wenn überhaupt von einem Menschen erreichbar (was einfach nicht der Fall ist), völlig unheilbar, und kein Denken könnte uns jemals in einen Zustand der Gewißheit und Überzeugung von irgendeiner Sache bringen.

Man muß jedoch zugeben, daß diese Art des Skeptizismus in gemäßigter Form in einem sehr vernünftigen Sinne verstanden werden kann und eine notwendige Vorbereitung der philosophischen Forschung ist, indem sie uns eine angebrachte Unvoreingenommenheit im Urteil bewahrt und unseren Geist von allen solchen Vorurteilen abbringt, die wir durch Erziehung oder vorschnelle Meinungsbildung angenommen haben mögen. Mit klaren und selbstevidenten Prinzipien zu beginnen, mit behutsamen und sicheren Schritten fortzuschreiten, häufig unsere Schlußfolgerungen zu prüfen und sorgfältig alle ihre Konsequenzen zu untersuchen – das sind, sollten wir dadurch auch nur langsam und wenig in unserem System vorwärtskommen, die einzigen Methoden, durch die wir jemals hoffen können, zur Wahrheit zu gelangen und eine angemessene Festigkeit und Gewißheit in unseren Begriffsbestimmungen zu gewinnen.

Es gibt eine andere Art des Skeptizismus, die auf Wissenschaft und Forschung *folgt*, wenn die Menschen entweder das absolut Trügerische ihrer geistigen Fähigkeiten oder ihr Unvermögen entdeckt zu haben glauben, zu irgendeiner sicheren Bestimmung in allen jenen seltsamen Fragen des spekulativen Denkens, mit denen sie gewöhnlich befaßt sind, zu gelangen. Selbst unsere Sinne werden durch eine bestimmte Art Philosophen in den Streit hineingezogen, und die Grundsätze des täglichen Lebens werden dem gleichen Zweifel unterworfen wie die profundesten Prinzipien oder Schlußfolgerungen von Metaphysik und Theologie. Da diese paradoxen Lehrsätze (wenn sie Lehrsätze genannt werden dürfen) sich bei einigen Philosophen finden und ihre Widerlegung bei anderen, erregen sie natürlicherweise unsere Wißbegier und lassen uns nach den Argumenten forschen, auf denen sie beruhen mögen.

Ich brauche nicht auf die abgedroschenen Beispiele einzugehen, welche die Skeptiker zu allen Zeiten gegen die Evidenz der *Sinne* vorgebracht haben, wie jene, die bei unzähligen Gelegenheiten aus der Unvollkommenheit und Trüglichkeit unserer Sinne gefolgert sind: so das im Wasser scheinbar gekrümmte Ruder; das verschiedenartige Aussehen von Gegenständen je nach ihrer unterschiedlichen Entfernung; die Doppelbilder, die durch den Druck auf ein Auge entstehen – und viele andere derartige Erscheinungen. Diese skeptischen Beispiele genügen tatsächlich nur zu dem Beweis, daß man sich auf die Sinne allein nicht unbedingt verlassen darf, daß wir vielmehr ihre Evidenz durch Denken und Überlegungen verbessern müssen, die sich aus der Natur des Mediums, der Entfernung des Gegenstandes, der Verfassung des Organs ergeben, um die Sinne innerhalb ihres Bereiches zu geeigneten *Kriterien* von Wahrheit und Falschheit zu machen. Es gibt schwerwiegende Argumente gegen die Sinne, die keine so leichte Lösung zulassen.

Es scheint offenkundig, daß die Menschen durch einen natürlichen Instinkt oder eine Voreingenommenheit zum Vertrauen in ihre Sinne gebracht werden und daß wir ohne irgendwelche Beweisführung, ja selbst fast vor dem Gebrauch der Vernunft, immer eine Außenwelt annehmen, die nicht von unserer Perzeption abhängt, sondern auch existieren würde, wenn wir und jedes andere vernünftige Geschöpf nicht vorhanden oder vernichtet wären. Selbst die Tiere lassen sich durch die gleiche Annahme leiten und bewahren diesen Glauben an äußere Dinge in allen ihren Gedanken, Absichten und Handlungen.

Es scheint auch evident, daß die Menschen, wenn sie diesem blinden und mächtigen Naturinstinkt folgen, stets annehmen, die ihnen durch die Sinne gegebenen Bilder seien die äußeren Dinge, und sie schöpfen keinen Verdacht, daß die einen nur Darstellungen der anderen sind. Sie glauben, daß eben dieser Tisch, den wir als weiß sehen und als hart empfinden, unabhängig von unserer Perzeption existiere und etwas außerhalb unseres ihn erfassenden Geistes sei. Unsere Anwesenheit verleiht ihm kein Dasein, und unsere Abwesenheit vernichtet ihn nicht. Sein Dasein bleibt in gleicher Weise und in vollem Maße erhalten, unabhängig von dem Zustand vernünftiger Wesen, die ihn erfassen oder betrachten.

Aber diese allgemeine und ursprüngliche Meinung aller Menschen wird bald schon durch ein wenig Philosophie zerstört, die uns lehrt, daß nichts außer einem Bilde oder einer Perzeption jemals dem Geiste gegeben sein kann und daß die Sinne nur die Einlaßpforten sind, durch welche diese Bilder uns zugeführt werden, ohne eine unmittelbare Verbindung zwischen dem Geiste und dem Gegenstande herstellen zu können. Der

Tisch, den wir sehen, scheint kleiner zu werden, wenn wir uns weiter von ihm entfernen; aber der wirkliche Tisch, der unabhängig von uns existiert, erleidet keine Veränderung: Es war somit nur sein Bild, das dem Geiste gegenwärtig war. Das sind die unverkennbaren Aussagen der Vernunft, und niemand, der nachdenkt, hat je daran gezweifelt, daß die existierenden Dinge, die wir im Auge haben, wenn wir sagen, *dieses Haus* und *jener Baum*, nichts als Perzeptionen des Geistes und flüchtige Abbilder oder Darstellungen anderer existierender Dinge sind, die sich gleich und selbständig bleiben.

Insoweit sind wir also durch das Denken genötigt, den ursprünglichen Naturinstinkten zu widersprechen, von ihnen abzuweichen und bezüglich der Evidenz unserer Sinne ein neues System anzuwenden. Hier aber findet sich die Philosophie in größter Verlegenheit, wenn sie dieses neue System rechtfertigen und die Spitzfindigkeiten und Einwände der Skeptiker vermeiden will. Sie kann nicht länger mehr den untrüglichen und unwiderstehlichen Naturinstinkt vertreten, denn dieser führte uns zu einem ganz anderen, als fehlbar, ja irrig erkannten System. Und dieses angebliche philosophische System durch eine Kette klarer und überzeugender Argumente oder auch nur durch den Schein eines Argumentes zu rechtfertigen übersteigt die Kraft aller menschlichen Fähigkeit.

Durch welches Argument kann bewiesen werden, daß die Perzeptionen des Bewußtseins durch von ihnen völlig verschiedene, obgleich ihnen ähnliche äußere Dinge (wenn das möglich ist) verursacht sein müssen und weder aus der Energie des Bewußtseins selbst noch aus der Eingebung eines unsichtbaren und unbekannten Geistes oder aus einer uns noch unbekannteren Ursache entstehen könnten? Anerkanntermaßen stammen in der Tat viele dieser Perzeptionen nicht aus etwas außer uns Seiendem, wie in Träumen, in Wahnsinn und anderen krankhaften Zuständen. Und nichts kann unerklärlicher sein als die Art und Weise, in der ein Körper so auf den Geist einwirken sollte, daß er je ein Bild seiner selbst einer Substanz mitteilen könnte, deren Natur für so andersartig, ja gegensätzlich gilt.

Es ist eine Tatsachenfrage, ob die Perzeptionen der Sinne durch ihnen ähnliche Außendinge erzeugt werden. Wie soll diese Frage entschieden werden? Sicherlich durch Erfahrung, wie alle anderen gleichartigen Fragen. Hier aber schweigt die Erfahrung und muß sie völlig schweigen. Dem Bewußtsein ist niemals etwas gegenwärtig als Perzeptionen, und es kann unmöglich irgendeine Erfahrung ihrer Verknüpfung mit Gegenständen erlangen. Die Annahme einer solchen Verknüpfung ist daher ohne jede logische Grundlage.

Es heißt sicherlich einen ganz unerwarteten Zirkel beschreiben, wenn man zum Beweise der Wahrhaftigkeit unserer Sinne zu der Wahrhaftigkeit des höchsten Wesens Zuflucht nimmt. Wäre seine Wahrhaftigkeit überhaupt bei dieser Sache beteiligt, würden unsere Sinne gänzlich unfehlbar sein. Abgesehen davon, daß, wenn die Außenwelt einmal in Frage steht, wir in Verlegenheit geraten werden, Argumente zum Beweise der Existenz jenes Wesens oder eines seiner Attribute zu finden.

Das ist deshalb ein Gebiet, auf dem die tiefgründigeren und philosophischeren Skeptiker stets triumphieren werden, wenn sie einen allgemeinen Zweifel an allen Gegenständen menschlichen Wissens und Forschens einzuführen versuchen. Folgt ihr, so können sie sagen, den natürlichen Instinkten und Neigungen, wenn ihr der Wahrhaftigkeit der Sinne zustimmt? Diese führen euch doch zu dem Gedanken, die Perzeption oder das sinnliche Abbild sei der äußere Gegenstand. Lehnt ihr dieses Prinzip ab zugunsten einer vernünftigeren Ansicht, daß die Perzeptionen nur Darstellungen von etwas Äußerem sind? Dann entfernt ihr euch darin von euren natürlichen Neigungen und klareren Gefühlen und seid dennoch nicht in der Lage, eure Vernunft zu befriedigen, die aus der Erfahrung niemals ein überzeugendes Argument zu dem Beweise finden kann, daß die Perzeptionen mit irgendwelchen Außendingen verknüpft sind.

Es gibt noch ein anderes gleichartiges skeptisches Thema, das tiefster Philosophie entstammt und unsere Aufmerksamkeit verdienen könnte, wenn es nötig wäre, so tief zu dringen, um Argumente und Gedankengänge zu entdecken, die ernsten Zwecken so wenig dienen können. Von neueren Forschern wird allgemein anerkannt, daß alle Sinnesqualitäten der Gegenstände, wie Härte, Weichheit, Hitze, Kälte, Weiße, Schwärze usw., bloß sekundär und nicht in den Gegenständen selbst sind, sondern nur Perzeptionen des Geistes, ohne ein äußeres Urbild oder Muster, das sie darstellen. Wird dies hinsichtlich der sekundären Qualitäten anerkannt, muß es auch für die angeblich primären Qualitäten der Ausdehnung und Festigkeit folgen, und die letzteren verdienen diese Bezeichnung in keiner Weise mehr als die ersteren. Die Vorstellung der Ausdehnung wird einzig aus Gesichts- und Tastsinn gewonnen; und wären alle sinnlich erfaßten Qualitäten im Geiste und nicht im Gegenstande, müßte derselbe Schluß auch für die Vorstellung der Ausdehnung gelten, die völlig von den sinnlichen Vorstellungen oder den Vorstellungen der sekundären Qualitäten abhängt. Nichts kann uns von diesem Schlusse abhalten als die Behauptung, daß die Vorstellungen jener primären Qualitäten durch *Abstraktion* gewonnen seien, eine Ansicht, die sich bei genauer Untersuchung als unverständlich, ja absurd erweisen wird. Eine Ausdehnung, die weder greif- noch sichtbar ist, kann unmöglich begriffen werden; und eine greif- oder sichtbare Ausdehnung, die weder hart noch weich, schwarz noch weiß ist, übersteigt ebenfalls menschliches Begreifen. Es versuche jemand, sich ein Dreieck im allgemeinen vorzustellen, das weder *gleichseitig* noch *ungleichseitig* ist, noch irgendeine bestimmte Länge oder Proportion der Seiten hat; er wird dann bald die Absurdität aller schulmäßigen Begriffe von Abstraktion und allgemeinen Vorstellungen einsehen*.

So besteht der erste philosophische Einwand gegen die Evidenz der Sinne oder die Annahme einer Außenwelt darin, daß eine solche Annahme, wenn sie sich auf den natürlichen Instinkt stützt, widervernünftig ist, und wenn sie sich auf Vernunft beruft, dem natürlichen Instinkt widerspricht und doch gleichzeitig keine logische Evidenz besitzt, einen unvoreingenommenen Forscher zu überzeugen. Der zweite Einwand reicht weiter und stellt diese Ansicht als widervernünftig dar, zumindest, wenn es ein Vernunftprinzip ist, daß alle Sinnesqualitäten im Geiste, nicht im Gegenstande sind. Beraubt man aber die Materie ihrer gesamten erfaßbaren Qualitäten, der primären und sekundären, dann vernichtet man sie gewissermaßen und läßt nur ein gewisses unbekanntes, unerklärliches *Etwas* als Ursache unserer Perzeptionen übrig – einen so unvollkommenen Begriff, daß kein Skeptiker ihn der Bekämpfung wert halten wird.

* Dieses Argument stammt von Dr. Berkeley, und in der Tat bilden die meisten Schriften dieses genialen Autors die besten Unterweisungen im Skeptizismus, die sich bei den alten und neueren Philosophen finden lassen, Bayle nicht ausgenommen. Er bekennt jedoch auf der Titelseite (und zweifellos vollkommen aufrichtig), daß er sein Buch sowohl gegen die Skeptiker als auch gegen die Atheisten und Freidenker verfaßt habe. Daß aber seine ganzen Argumente, wenn auch anders gemeint, in Wirklichkeit rein skeptisch sind, erhellt daraus, *daß sie keine Antwort zulassen und keine Überzeugung liefern.* Ihre einzige Wirkung ist die Verursachung jenes plötzlichen Staunens, Unentschlossenseins und Verwirrtseins, die das Resultat des Skeptizismus sind.

Zweiter Teil

Es mag als ein recht gewagter Versuch der Skeptiker erscheinen, die *Vernunft* durch Argument und Vernunftschluß zerstören zu wollen. Das aber ist das große Ziel ihrer ganzen Untersuchungen und Auseinandersetzungen. Sie bemühen sich, sowohl Einwände gegen unsere abstrakten als auch gegen die auf Tatsachen und Existenz gerichteten Denkakte zu finden.

Der Haupteinwand gegen alle *abstrakten* Denkakte wird aus den Vorstellungen von Raum und Zeit genommen, Vorstellungen, die im alltäglichen Leben und oberflächlich betrachtet sehr klar und einsichtig sind; wenn sie jedoch gründlicherer Untersuchung der tieferen Wissenschaften unterliegen (und sie sind der Hauptgegenstand dieser Untersuchungen), bringen sie Prinzipien hervor, die voller Absurdität und Widerspruch scheinen. Kein priesterliches *Dogma*, zur Bändigung und Unterwerfung der aufsässigen menschlichen Vernunft erfunden, hat je den gesunden Menschenverstand mehr schockiert als die Lehre von der unendlichen Teilbarkeit der Ausdehnung mit ihren Konsequenzen, wie sie von allen Mathematikern und Metaphysikern mit einer Art Triumph und Frohlocken so pomphaft entwickelt wird. Eine reale Größe, die unendlich kleiner ist als irgendeine endliche Größe, Größen enthaltend, die unendlich kleiner sind als sie selbst, und so *in infinitum*: das ist ein so kühner und ungeheuerlicher Bau – zu schwer, als daß sich ein Beweis anmaßen könnte, ihn zu tragen, denn er verletzt die klarsten und natürlichsten Prinzipien der menschlichen Vernunft*. Was aber die Sache noch außergewöhnlicher

* Welche Dispute es auch über mathematische Punkte geben mag, wir müssen zugeben, daß es physische Punkte gibt, d. h. Teile der Ausdehnung, die weder durch die Anschauung (by the eye) noch durch die Einbildungskraft (imagination) geteilt oder ver-

macht, ist, daß diese scheinbar absurden Ansichten durch eine Kette von Gedanken der klarsten und natürlichsten Art unterstützt werden; auch können wir unmöglich die Prämissen zugeben, ohne die Konsequenzen anzuerkennen. Nichts kann überzeugender und befriedigender sein als alle die Schlüsse über die Eigenschaften von Kreisen und Dreiecken. Wie aber läßt sich, wenn diese einmal angenommen sind, leugnen, daß der Berührungswinkel zwischen einem Kreis und seiner Tangente unendlich kleiner ist als jeder rechte Winkel und daß bei Vergrößerung des Kreisdurchmessers *in infinitum* dieser Berührungswinkel noch kleiner wird, ebenfalls *in infinitum*, und daß der Berührungswinkel zwischen anderen Kurven und ihren Tangenten unendlich kleiner sein kann als jene zwischen einem Kreis und seiner Tangente, und so fort *in infinitum*? Der Beweis dieser Sätze scheint so ausnahmslos gültig wie derjenige, der beweist, daß die drei Winkel eines Dreiecks gleich zwei rechten sind; und dennoch ist die letztere Ansicht natürlich und leicht faßlich, die erstere beladen mit Widerspruch und Absurdität. Die Vernunft scheint hier in eine Art Ratlosigkeit und Ungewißheit geworfen, die sie, auch ohne die Ratschläge eines Skeptikers, an sich selbst und dem Boden, auf dem sie sich bewegt, irre werden läßt. Sie sieht ein helles Licht, das bestimmte Stellen beleuchtet; aber dieses Licht grenzt an die tiefste Finsternis. Und zwischen beiden steht sie so geblendet

kleinert werden können. Diese der Phantasie oder den Sinnen gegenwärtigen Bilder sind absolut unteilbar, und die Mathematiker müssen sie folglich als unendlich kleiner gelten lassen als irgendeinen wirklichen Teil der Ausdehnung. Und doch scheint der Vernunft nichts so gewiß, wie daß eine unendliche Anzahl von ihnen eine unendliche Ausdehnung bildet. Um wieviel mehr eine unendliche Anzahl jener unendlich kleinen Teile der Ausdehnung, die noch für unendlich teilbar gelten![21]

und verwirrt, daß sie sich kaum noch mit Gewißheit und Sicherheit über einen Gegenstand äußern kann.

Die Absurdität dieser kühnen Bestimmungen der abstrakten Wissenschaften scheint, wenn möglich, bezüglich der Zeit noch offenkundiger zu werden als hinsichtlich der Ausdehnung. Eine unendliche Anzahl wirklicher Zeitteile, die einander folgen und einer nach dem anderen vergehen, scheint ein so offenbarer Widerspruch zu sein, daß – wie man meinen sollte – niemand, dessen Urteil durch die Wissenschaften nicht verdorben, sondern verbessert worden ist, das jemals zugeben könnte.

Die Vernunft muß aber auch mit diesem Skeptizismus, zu dem sie durch diese scheinbaren Absurditäten und Widersprüche getrieben wird, noch rast- und ruhelos bleiben: Es ist absolut unbegreiflich, wie eine klare, distinkte Vorstellung Momente enthalten kann, die ihr selbst oder einer anderen klaren, distinkten Vorstellung widersprechen; das ist vielleicht ein so absurder Satz, wie nur einer formuliert werden kann. So kann nichts zweifelhafter oder voller Zweifel und Bedenken sein als dieser Skeptizismus selbst, der aus einigen der paradoxen Schlußfolgerungen der Geometrie oder der Wissenschaft von der Größe entsteht*.

* Es scheint mir nicht unmöglich, Absurditäten und Widersprüche zu vermeiden, wenn man zugibt, daß es, genaugenommen, nicht so etwas wie abstrakte oder allgemeine Vorstellungen gibt, sondern daß alle allgemeinen Vorstellungen in Wirklichkeit Einzelvorstellungen sind, mit einer allgemeinen Bezeichnung verbunden, die bei Gelegenheit andere Einzelvorstellungen zurückruft, die in gewissen Belangen der dem Geiste gegenwärtigen Vorstellung ähneln. So bilden wir uns, wenn das Wort „Pferd" ausgesprochen wird, sofort die Vorstellung eines schwarzen oder weißen Tieres von bestimmter Größe oder Gestalt. Da aber das Wort gewöhnlich auch für Tiere von anderer Farbe, Gestalt und Größe gebraucht wird, sind diese Vorstellungen, obwohl der Einbildungskraft nicht wirklich gegenwärtig, leicht wachzurufen, und unser Denken und Schließen vollzieht sich in gleicher Weise, wie wenn

Die skeptischen Einwände gegen die *moralische* Evidenz oder gegen Urteile über Tatsachen sind entweder *populär* oder *philosophisch*. Die populären Einwände stammen aus der natürlichen Schwäche des menschlichen Verstandes; den widersprüchlichen Ansichten, die verschiedene Zeiten und Völker gehegt haben; unserem sich ändernden Urteil in Krankheit und Gesundheit, Jugend und Alter, Glück und Unglück; dem beständigen Widerspruch der Meinungen und Ansichten jedes einzelnen und aus vielen derartigen Dingen. Es ist nutzlos, uns weiter damit zu befassen, denn diese Einwürfe sind nur schwach. Da wir im alltäglichen Leben jeden Augenblick über Tatsächliches und Existenz urteilen und unmöglich bestehen können, ohne andauernd in dieser Art zu argumentieren, müssen die hieraus stammenden populären Einwände zur Zerstörung jener Evidenz unzureichend sein. Der große Überwinder des *Pyrrhonismus* oder der übertriebenen Prinzipien des Skeptizismus sind Handlung, Beschäftigung und die Verrichtungen des täglichen Lebens. Diese Prinzipien mögen in den Schulen blühen und triumphieren, wo es in der Tat schwierig, wenn nicht unmöglich ist, sie zu widerlegen. Sobald sie aber das Dunkel verlassen und durch die Gegenwart der wirklichen Dinge, die unsere Leidenschaften und Gefühle erregen, in Gegensatz zu den mächtigen Prinzipien unserer Natur treten, vergehen sie wie Rauch und lassen den ent-

sie wirklich gegenwärtig wären. Gibt man dies (wie es vernünftig scheint) zu, so folgt daraus, daß alle Vorstellungen der Größe, mit denen die Mathematiker arbeiten, nur Einzelvorstellungen und solche sind, wie sie uns Sinne und Einbildungskraft eingeben, und daß sie folglich nicht unendlich teilbar sein können. Diese flüchtige Anmerkung mag hier genügen, ohne sie weiter zu verfolgen. Allen Liebhabern der Wissenschaft ist es sicher darum zu tun, sich durch ihre Schlüsse nicht dem Gelächter und der Verachtung der Unwissenden auszusetzen; und diese scheint mir die schnellste Lösung dieser Schwierigkeiten.

schiedensten Skeptiker in derselben Lage zurück wie andere Sterbliche.

Der Skeptiker täte deshalb besser, auf seinem eigenen Gebiet zu bleiben und jene *philosophischen* Einwände vorzubringen, die aus gründlicheren Untersuchungen stammen. Hier scheint er reichlich Gelegenheit zum Triumph zu haben, wenn er mit Recht behauptet, daß alle unsere Evidenz hinsichtlich einer Tatsache, die über das Zeugnis der Sinne oder des Gedächtnisses hinaus liegt, ganz und gar aus der Relation von Ursache und Wirkung stammt; daß wir keine andere Vorstellung dieser Relation haben als die zweier Gegenstände, die häufig miteinander *verbunden* waren; daß wir kein Argument haben, uns zu überzeugen, daß Gegenstände, die in unserer Erfahrung häufig verbunden waren, auch in anderen Fällen in gleicher Weise verbunden sein werden; und daß uns zu diesem Schlusse nichts anderes führt als die Gewohnheit und ein gewisser Naturinstinkt, dem man in der Tat schwerlich widerstehen kann, der jedoch, wie andere Instinkte, irreführend und trügerisch sein kann. Wenn der Skeptiker bei diesen Themen bleibt, zeigt er seine Stärke oder vielmehr tatsächlich seine eigene und unsere Schwäche und scheint, zumindest für den Augenblick, alle Sicherheit und Gewißheit zu zerstören. Diese Argumente könnten noch weiter ausgeführt werden, wenn aus ihnen etwas dauerhaft Gutes oder ein Nutzen für die Gesellschaft erhofft werden könnte.

Darin nämlich besteht der hauptsächliche und vernichtendste Einwand gegen den übertriebenen Skeptizismus, daß aus ihm nichts dauerhaft Gutes entstehen kann, solange er in seiner vollen Kraft und Stärke verharrt. Wir brauchen einen solchen Skeptiker nur zu fragen, *was seine Absicht sei und was er mit allen diesen sorgfältigen (curious) Untersuchungen bezwecke.*

Er gerät dann sofort in Verlegenheit und weiß keine Antwort. Ein Anhänger des Kopernikus oder des Ptolemäus, der sein besonderes astronomisches System vertritt, darf hoffen, in seinen Hörern eine feste und dauerhafte Überzeugung hervorzurufen. Ein Stoiker oder ein Epikureer entwickelt Prinzipien, die nicht beständig sein mögen, aber auf Lebensführung und Verhalten wirken. Ein Anhänger des Pyrrho kann aber nicht erwarten, daß seine Philosophie einen bleibenden Einfluß auf unseren Geist haben wird oder, wenn das geschähe, daß ihr Einfluß der Gesellschaft nützlich wäre. Er muß im Gegenteil zugeben – wenn er überhaupt etwas zugeben wird –, daß alles menschliche Leben zugrunde gehen müßte, wenn seine Prinzipien allgemein und unverrückbar in Geltung kämen. Alles Denken, alles Handeln würde sofort aufhören, und die Menschen würden in völliger Lethargie verharren, bis die Naturbedürfnisse, weil unbefriedigt, ihrem elenden Dasein ein Ende machen würden. Ein so fatales Ereignis ist allerdings kaum zu befürchten. Die Natur ist stets stärker als Prinzipien, und wenn auch ein Pyrrhoniker sich und andere durch seine tiefgründigen Gedanken in momentanes Staunen und Verwirrung bringen mag, so wird doch das erstbeste triviale Ereignis in seinem Leben all seine Zweifel und Bedenken verscheuchen und ihn in jedem Detail des Handelns und Forschens in derselben Lage lassen wie die Philosophen jeder anderen Richtung oder jene, die sich niemals mit irgendwelchen philosophischen Untersuchungen befaßt haben. Wenn er aus seinem Traum erwacht, wird er der erste sein, der in das Gelächter über sich selbst einstimmt, und bekennen, daß seine ganzen Einwände nur der Unterhaltung dienen und keine andere Tendenz haben, als die sonderbare Verfassung der Menschen zu zeigen, die handeln, denken und glauben müssen, obgleich sie – trotz der sorgfältigsten Untersuchung – außerstande sind, sich hinsichtlich der Grundlage dieser Vorgänge zu überzeugen oder die dagegen erhobenen Einwände zu beseitigen.

Dritter Teil

Es gibt allerdings einen *gemäßigteren* Skeptizismus oder eine *akademische* Philosophie, die sowohl dauerhaft als nützlich sein kann und zum Teil das Ergebnis dieses Pyrrhonismus bzw. des *extremen* Skeptizismus sein mag, wenn dessen unklare Zweifel durch den gesunden Menschenverstand und die Reflexion gewissermaßen berichtigt werden. Die meisten Menschen sind naturgemäß geneigt, affirmative und dogmatische Meinungen zu vertreten, und da sie die Gegenstände nur einseitig sehen und keine Vorstellung eines Argumentes der Gegenseite haben, überantworten sie sich Hals über Kopf ihnen zusagenden Prinzipien. Sie haben auch keinerlei Nachsicht mit jenen, die entgegengesetzte Meinungen vertreten. Zögern oder Abwägen verwirrt ihren Verstand, hemmt ihre Leidenschaft und macht sie unentschieden im Handeln. Deshalb sind sie ungeduldig, bis sie einem für sie so unbequemen Zustand entrinnen, und meinen, sie könnten sich – durch die Intensität ihrer Behauptungen und Hartnäckigkeit ihres Glaubens – nicht weit genug davon entfernen. Könnten jedoch solche dogmatischen Denker der sonderbaren Schwächen des menschlichen Verstandes, selbst in seinem vollkommensten Zustand und wenn er äußerst genau und behutsam in seinen Bestimmungen verfährt, gewahr werden, so würde eine solche Überlegung sie verständlicherweise mit größerer Bescheidenheit und Zurückhaltung erfüllen und ihre übertriebene Meinung von sich selbst sowie ihr Vorurteil gegen die Gegner verringern. Die Ungebildeten mögen die Lage der Gelehrten bedenken, die – versehen mit allen Vorteilen des Studiums und Nachdenkens – dennoch gewöhnlich ihren Begriffsbestimmungen mißtrauen; und wenn einige Gelehrte auf Grund ihres natürlichen Temperaments zu Überheblichkeit und Starrsinn neigen, könnte eine geringe Dosis Pyrrhonismus ihren Stolz durch den Aufweis mäßigen, daß die wenigen Vorteile, die sie über ihre Kollegen erlangt haben, verglichen mit der der menschlichen Natur anhaftenden allgemeinen Ratlosigkeit und Verwirrung nur unbeträchtlich sind. Im allgemeinen gibt es einen gewissen Grad von Zweifel, Vorsicht und Bescheidenheit, der einen folgerichtig Denkenden in jeder Art der Forschung und Entscheidung stets begleiten sollte.

Eine andere Art des *gemäßigten* Skeptizismus, die der Menschheit von Nutzen und das natürliche Ergebnis der pyrrhonischen Zweifel und Bedenken sein kann, ist die Beschränkung unserer Untersuchungen auf solche Gegenstände, die der begrenzten Fähigkeit des menschlichen Verstandes am angemessensten sind. Die menschliche *Einbildungskraft* ist von Natur hochfliegend, entzückt von allem Entlegenen und Außergewöhnlichen und eilt unkontrolliert in die entferntesten Gebiete von Raum und Zeit, um den Gegenständen zu entgehen, welche ihr durch Gewohnheit zu vertraut sind. Eine korrekte *Urteilskraft* befolgt die gegenteilige Methode; unter Vermeidung aller entlegenen und hochfahrenden Untersuchungen beschränkt sie sich auf das alltägliche Leben und auf solche Gegenstände, die der täglichen Praxis und Erfahrung angehören, und überläßt die anspruchsvolleren Themen der Ausschmückung durch Dichter und Redner oder den Künsten von Priestern und Politikern. Einem so heilsamen Entschlusse kann nichts dienlicher sein, als einmal völlig von der Kraft des pyrrhonischen Zweifels überzeugt zu sein und von der Unmöglichkeit, daß irgend etwas außer der starken Macht des Naturinstinkts uns von ihm befreien könnte. Diejenigen, die einen Hang zur Philosophie haben, werden dennoch ihre Forschungen fortsetzen, weil sie bedenken, daß – außer dem unmittelbaren Vergnügen, das solche Beschäftigung begleitet – philosophische Entscheidungen nichts weiter sind als die methodisch geordneten und berichtigten Reflexionen im alltäglichen Leben. Sie werden aber niemals versucht sein, über das alltägliche Leben hinauszugehen, solange sie die Unvollkommenheit jener Fähigkeiten, die sie anwenden, deren engen Bereich und ungenaue Leistungen beachten. Solange wir keinen befriedigenden Grund angeben können, warum wir nach tausend Versuchen glauben, daß ein Stein fallen und Feuer brennen wird – können wir da wohl zu einer uns zufriedenstellenden Bestimmung hinsichtlich des Ursprunges der Welten und des Zustandes der Natur von Anfang und in alle Ewigkeit kommen?

Diese enge Begrenzung unserer Untersuchungen ist in der Tat in jeder Hinsicht so vernünftig, daß, um sie uns zu empfehlen, schon die einfachste Untersuchung der natürlichen Kräfte des menschlichen Geistes und deren Vergleichung mit ihren Gegenständen genügt. Wir werden dann finden, welches die der Wissenschaft und Forschung gemäßen Gegenstände sind.

Mir scheint, daß die einzigen Gegenstände der abstrakten oder demonstrativen Wissenschaften Größe und Zahl sind und daß alle Versuche, diese vollkommeneren Arten des Wissens über diese Grenzen hinaus auszuweiten, bloße Sophisterei und Blendwerk sind. Da die Bestandteile von Größe und Zahl völlig gleichartig sind, werden ihre Beziehungen schwierig und verwickelt, und nichts kann wissenswerter und nützlicher sein, als durch eine Vielzahl von Zwischengliedern ihre Gleichheit oder Ungleichheit bei ihren verschiedenen

Erscheinungsformen zu verfolgen. Da aber alle anderen Vorstellungen klar unterschieden und untereinander verschieden sind, können wir – selbst bei sorgfältigster Prüfung – nicht weiter dringen als zur Beobachtung dieser Verschiedenheit und durch eine einleuchtende Überlegung aussagen, daß das eine Ding nicht ein anderes sei. Sollten diese Entscheidungen Schwierigkeiten enthalten, stammen sie nur aus der unbestimmten Bedeutung der Wörter, die durch zutreffendere Definitionen berichtigt wird. *Daß das Quadrat der Hypotenuse gleich den Quadraten der beiden anderen Seiten ist,* kann man – selbst bei genauester Definition der Begriffe – nicht wissen ohne eine Folge von Erwägungen und Untersuchungen. Um uns jedoch von dem Satze zu überzeugen, *daß es da, wo es kein Eigentum gibt, auch keine Ungerechtigkeit geben kann,* genügt es, die Ausdrücke zu definieren und Ungerechtigkeit als Eigentumsverletzung zu erklären. Dieser Satz ist tatsächlich nichts als eine unvollkommene Definition. Dasselbe gilt von allen jenen angeblichen syllogistischen Schlüssen, die sich in jedem anderen Zweig der Wissenschaft finden, außer in den Wissenschaften von Größe und Zahl. Diese können getrost, wie ich meine, die einzigen wahren Gegenstände des Wissens und der Demonstration genannt werden.

Alle anderen Untersuchungen der Menschen betreffen nur Tatsache und Existenz, und diese sind offensichtlich nicht demonstrierbar. Alles, was *ist*, kann auch *nicht sein*. Keine Verneinung einer Tatsache kann einen Widerspruch enthalten. Die Nichtexistenz eines Seienden ist ausnahmslos eine so klare und distinkte Vorstellung wie seine Existenz. Der Satz, der behauptet, es sei nicht, ist – mag er auch falsch sein – nicht weniger begreifbar und verständlich als der, welcher behauptet, daß es sei. Anders liegt der Fall mit den zu Recht so genannten Wissenschaften. Dort ist jeder Satz, der nicht wahr ist, verworren und unverständlich. Daß die Kubikwurzel von 64 gleich der Hälfte von 10 ist, ist ein falscher Satz und kann niemals deutlich erfaßt werden. Aber daß Cäsar oder der Engel Gabriel oder sonst ein Wesen niemals existiert hat, mag ein falscher Satz sein, der dennoch völlig begreifbar ist und keinen Widerspruch enthält.

Die Existenz eines Wesens kann somit nur mit Argumenten aus seiner Ursache oder Wirkung bewiesen werden, und diese Argumente gründen einzig in der Erfahrung. Urteilen wir *a priori*, so scheint jedes Ding jedes hervorbringen zu können. Der Fall eines Kieselsteins kann, soviel wir wissen, die Sonne auslöschen oder der Wunsch eines Menschen die Bahnen der Planeten lenken. Erfahrung allein belehrt uns über Natur und Grenzen von Ursache und Wirkung und befähigt uns, die Existenz eines Gegenstandes aus einem anderen herzuleiten*. Das ist die Grundlage der moralischen Urteile, die den größeren Teil menschlichen Wissens bilden und die Quelle alles menschlichen Handelns und Verhaltens sind.

Moralische Urteile betreffen entweder einzelne oder allgemeine Tatsachen. Alle Erwägungen im Leben, ebenso alle Erörterungen in Geschichte, Chronologie, Geographie und Astronomie gehören zur ersten Art.

Die Wissenschaften, die von allgemeinen Tatsachen handeln, sind Politik, Naturphilosophie, Physik, Chemie usw., in denen die Eigenschaften, Ursachen und Wirkungen einer ganzen Klasse von Gegenständen untersucht werden.

* Jener gottlose Grundsatz der antiken Philosophie, *Ex nihilo, nihil fit*, der die Schöpfung der Materie ausschloß, hört nach unserer Philosophie auf, ein Grundsatz zu sein. Nicht nur der Wille des höchsten Wesens kann Materie schaffen, sondern sie könnte auch – soweit wir *a priori* wissen – der Wille jedes anderen Wesens erschaffen oder jeder anderen Ursache, welche die absonderlichste Einbildungskraft angeben kann.

Die Gottesgelehrtheit oder Theologie besteht, da sie die Existenz einer Gottheit und die Unsterblichkeit der Seelen beweist, teils aus Erörterungen über besondere, teils über allgemeine Tatsachen. Sie hat ihre Grundlage in der *Vernunft*, soweit sie sich auf Erfahrung stützt. Ihre beste und sicherste Grundlage sind jedoch *Glaube* und göttliche Offenbarung.

Ethik und Ästhetik sind weniger Gegenstände des Verstandes als von Geschmack und Gefühl. Die sittliche oder natürliche Schönheit wird eher empfunden als begriffen. Denken wir über sie nach und versuchen wir, ihren Maßstab festzustellen, so betrachten wir eine neue Tatsache, nämlich den allgemeinen Geschmack der Menschen oder eine ähnliche Tatsache, die Gegenstand der Erörterung und Untersuchung sein kann.

Wenn wir, von diesen Prinzipien überzeugt, unsere Bibliotheken durchgehen, welche Verwüstung müßten wir dann anrichten! Nehmen wir irgendein Buch zur Hand, z. B. über Theologie oder Schulmetaphysik, so laßt uns fragen: *Enthält es eine abstrakte Erörterung über Größe und Zahl?* Nein. *Enthält es eine auf Erfahrung beruhende Erörterung über Tatsachen und Existenz?* Nein. So übergebe man es den Flammen, denn es kann nichts als Sophisterei und Blendwerk enthalten.

ANMERKUNGEN

1. *Perception* ist einer der Schlüsselbegriffe des Humeschen Denkens wie überhaupt der Philosophie im 17. und 18. Jahrhundert. Wahrnehmung oder Vorstellung – wie Eisler diesen Terminus gewöhnlich übersetzt – sind zwar Weisen des Perzipierens; diese deutschen Begriffe erfassen aber nicht die komplexe Bedeutung des Humeschen Terminus. Alle *impressions* und *ideas* sind mehr oder minder lebhafte und prägnante Perzeptionen. Jede Sinneswahrnehmung, jedes Gefühl, jedes Wünschen und Wollen, alles Denken sind Akte des Perzipierens, des Auffassens, wie man mit Richter übersetzen könnte, wenn dieses Wort nicht zu vage und nichtssagend wäre. Ich habe in der Übersetzung grundsätzlich *perception* = *Perzeption* gesetzt, ohne wie Richter zu befürchten, daß man diesen philosophischen Begriff mit dem in der Psychologie gebräuchlichen verwechseln könnte.
Was Hume mit *perception* meint, wird deutlicher, wenn man diesen für die damalige Philosophie fundamentalen Terminus in seiner Bedeutung bei anderen Denkern, etwa bei Leibniz, betrachtet. Leibniz bezeichnet *perception* und *appetition* als Grundvermögen der Monade, der individuellen Substanz. Mit *perception* ist jede Weise des erkennenden Verhaltens gemeint, zunächst die Wahrnehmungen des äußeren Sinnes, also Gesichts-, Geruchs-, Gehörs-, Geschmacks- und Tastempfindungen (vgl. *Monadologie,* § 25). Des weiteren spricht er von einer unendlichen Zahl kleiner, nicht unterscheidbarer, undeutlicher Perzeptionen (vgl. *Principes,* § 13; *Monadologie,* § 20; *Discours de métaphysique,* § 33; *Considérations sur la doctrine d'un esprit universel unique*). Im § 9 des *Discours* setzt er *perception* = *connoissance,* also Erkenntnis im weitesten Sinne, worin unsere modernen psychologischen Unterscheidungen von Un- und Unterbewußtsein einbegriffen sind. Wieder an anderer Stelle sind *perceptions* die *expressions* der Substanzen; dann wieder werden Gedanken und Perzeptionen gegeneinander abgesetzt (*Discours,* § 14). Im § 4 der *Principes* findet sich die wichtige Unterscheidung von *perception* und *apperception,* wobei unter *perception* der innere Zustand der Monade, der die äußeren Dinge darstellt, unter *apperception* das Selbstbewußtsein oder reflektierende Erkennen dieses inneren Zu-

standes verstanden wird. Schließlich wird der Begriff *perception* auf alles kreatürlich Seiende ausgedehnt (*Monadologie*, §§ 14, 19–30, 63, 70, 77, 82 und besonders auch Brief an Bierling vom 12. 8. 1711). Der Distinktheitsgrad der *perception* wird für ihn zum Kriterium der Vollkommenheit des Geschöpfs (*Principes*, § 13). Den Cartesianern wirft er vor, sie hätten den Begriff unzulässig eingeschränkt und die Perzeptionen, deren man sich nicht bewußt sei, ganz unbeachtet gelassen (*Monadologie*, § 14).

Auch für Berkeley, auf den sich Hume so oft bezieht, und sein häufig zitiertes und ebenso häufig mißverstandenes *esse = percipi posse* bedeutet Perzipieren das konstitutive Erfassen des Gegenstandes im weitesten Sinne und keineswegs nur das in den Akten des diskursiven Denkens Erschlossene.

Man tut also gut daran, *perception* bei Hume, da *impressions* und *ideas*, sinnliche Wahrnehmung und Denken, umfassend, als Resultat des erkennenden Verhaltens *(perceive)* schlechthin aufzufassen; und wenn man schon nach einem deutschen Wort dafür sucht, wäre meines Erachtens *perception* am ehesten mit Bewußtseinsinhalt zu übersetzen.

2. "By the term *impression*, then, I mean all our more lively perceptions, when we hear, or see, or feel, or love, or hate, or desire, or will. And *impressions* are distinguished from ideas, which are the less lively perceptions, of which we are conscious, when we reflect on any of those sensations or movements above mentioned."
3. Hier ist es aufschlußreich, Leibnizens Kritik an Locke zu skizzieren, wie sie sich in den *Nouveaux essais sur l'entendement humain*, besonders auch in der Vorrede, findet (ed. C. J. Gerhardt, Bd. V, S. 41 ff.). Gegen Lockes *Essay Concerning Human Understanding* (1689) wendet er ein – und dieser Einwand könnte cum grano salis auch gegen Hume gelten –, daß Locke nicht unterscheide zwischen notwendigen und kontingenten, Vernunft- und Tatsachenwahrheiten. Der sensualistische Empirismus erkläre wohl, was faktisch ist und geschieht, nicht hingegen, was notwendig geschieht. Dem Lockeschen Grundsatz, nichts sei im Verstande, was nicht aus sinnlicher Wahrnehmung stamme (ebenfalls ein Fundamentalsatz Humes), stellt Leibniz den Satz entgegen: „Nihil est in intellectu, quod non fuerit in sensu, excipe: intellectus ipse" (a. a. O., S. 100).
4. "We have said, that all arguments concerning existence are founded on the relation of cause and effect; that our knowledge of that relation is derived entirely from experience; and that all our experimental conclusions proceed upon the supposition that the future will be conformable to the past. To endeavour, therefore, the proof of this last supposition by probable

arguments, or arguments regarding existence, must be evidently going in a circle, and taking that for granted, which is the very point in question.
In reality, all arguments from experience are founded on the similarity which we discover among natural objects, and by which we are induced to expect effects similar to those which we have found to follow from such objects."

5. Der Erfahrungsschluß von ähnlichen oder gleichen Ursachen auf ähnliche oder gleiche Wirkungen (und umgekehrt) ist also weder intuitiv noch demonstrativ gewiß, sondern hat – da er per analogiam, aus vorgängiger Erfahrung, verfährt – nur den Gewißheitsgrad der Wahrscheinlichkeit.

6. *Belief* meint natürlich nicht den religiösen Glauben *(faith)*, sondern eine Art der Evidenz, die zwar nicht absolut gewiß *(certain)* ist wie die Erkenntnisse von Logik, Mathematik und der unmittelbaren Sinneswahrnehmung, dennoch aber verbindlicher als die Vorstellungen der Phantasie. *Belief* kann mit *Glauben* in der Bedeutung von *Überzeugung* übersetzt werden und bezieht sich auf einen nicht unmittelbar erfahrenen, doch unter bestimmten Umständen erfahr- und erfaßbaren Gegenstand. Erfahrung bzw. Erfassung haben in diesem Falle den Gewißheitsgrad der Wahrscheinlichkeit. (Vgl. A. Flew, *Hume's Philosophy of Belief*. London 1961.)

7. „Soll ich es für ein Geschenk der Natur an uns halten, oder ist es eine Art Illusion, daß wir uns beim Anblick einer Stätte, wo nach der Überlieferung einst Männer oft weilten, deren Andenken verdient, in Ehren gehalten zu werden, tiefer ergriffen fühlen, als wenn wir von ihren Taten erzählen hören oder eine ihrer Schriften lesen? So geht es mir im Augenblick. Denn Plato tritt mir vor die Seele, der hier seine Philosophie vortrug, und jene Gärten dort in der Nähe wecken in mir nicht nur Erinnerung an ihn, nein, es ist, als sähe ich ihn leibhaftig mir vor Augen. Hier weilte Speusippus, hier Xenokrates, hier sein Schüler Polemo – schaut, dort ⟨im Halbrund der Säulen⟩ sehen wir noch seinen Lehrstuhl, auf dem er zu sitzen pflegte. Ich erlebe hier eine Stimmung wie auch in Rom beim Anblick des Rathauses; die Hostilische Kurie meine ich, nicht den heutigen Neubau, der mir trotz seiner Erweiterung kleiner vorkommt. Da muß ich immer an Scipio denken, an Cato, an Laelius und besonders an meinen Großvater. Wie mahnen uns doch solche Stätten! Es ist gar nicht so unbegründet zu meinen, daß die Gedächtnisschulung von ihnen ausgegangen ist" (übertragen von K. Atzert, Zürich 1964).

8. Hier wendet sich Hume entschieden gegen die schon von Leibniz angegriffene Lehre der Occasionalisten (Clauberg, Cordemoy und besonders Geulincx), die im Anschluß an Descartes'

Verwerfung der Theorie des influxus physicus, der Wechselwirkung von Körper und Geist, Leib und Seele, und seiner dualistischen Seinskonzeption von *res extensa* und *res cogitans* behaupteten, die scheinbare Wechselwirkung sei nur Erscheinungsweise der unablässigen Einwirkung und Koordinierung durch Gott. Gegen diese Auffassung Gottes als eines bedarfsweisen Weltkorrektivs hatte Leibniz bekanntlich seine Theorie der prästabilierten Harmonie, des uranfänglichen und immerwährenden Gleichklangs alles Seienden, gesetzt.

9. Gemeint ist die Materie.
10. Vgl. hierzu Leibniz' kurze Behandlung des Kraft-Begriffes in *De primae philosophiae emendatione*, Gerh. IV, S. 468 ff. (Deutsche Übersetzung in: G. W. Leibniz, *Fünf Schriften zur Logik und Metaphysik*. Stuttgart 1966. Reclams UB Nr. 1898, S. 18 ff.).
11. Dieser Absatz kam in der posthumen Ausgabe von 1777 hinzu.
12. Hier ist das Problem der *Théodicée* angesprochen, das Leibniz im § 7 des *Discours de métaphysique* umrissen und in den *Essais de Théodicée* abgehandelt hat.
13. Diese Anmerkung kam in der 2. Ausgabe der *Philosophical Essays Concerning Human Understanding* (1751) hinzu.
14. John Tillotson (1630–94), Erzbischof von Canterbury.
15. Des Leibes Jesu Christi im Abendmahl.
16. Dieser Absatz und die zugehörige Anmerkung kamen in der Ausgabe von 1751 hinzu.
17. Dieser Absatz ist in den Ausgaben von 1748 bis 1768 als Anmerkung gebracht.
18. Hier folgt in der Ausgabe von 1751 eine lange Anmerkung über den Abbé Paris, Jansenisten, Molinisten und einige Wundermedien, die nur philosophiegeschichtlichen Wert hat und hier ausgelassen werden kann.
19. Dieser und die beiden folgenden Absätze stehen in den Ausgaben von 1748 bis 1768 als Anmerkung.
20. Der Absatz findet sich nicht in den Ausgaben von 1748 und 1751; in den Ausgaben von 1753 bis 1768 steht er als Anmerkung.
21. In seinem *Système nouveau de la nature* (Gerh. IV, S. 482 f.) schreibt Leibniz über metaphysische, mathematische und physische Punkte: „Gäbe es indessen keine wahren substantialen Einheiten, so wäre auch in der Ansammlung nichts Substantiales noch Reales ... Die materialen Atome widerstreiten ... der Vernunft: abgesehen davon, daß auch sie aus Teilen zusammengestzt sind, da der unüberwindliche Zusammenhang eines Teiles mit dem anderen ... ihre Verschiedenheit nicht aufheben würde. Nur die substantialen Atome, d. h. die wirklichen und völlig

teillosen Einheiten, sind die Quellen der Aktionen und die ersten absoluten Prinzipien der Zusammensetzung der Dinge und gleichsam die letzten Elemente der Analyse der Substanzen. Man könnte sie m e t a p h y s i s c h e P u n k t e nennen: sie haben etwas Lebendiges und eine Art Perzeption, und die m a t h e m a t i s c h e n P u n k t e sind ihre G e s i c h t s p u n k t e, um das Universum auszudrücken. Sind aber die Körpersubstanzen zusammengedrängt, dann bilden alle ihre Organe für uns nur einen p h y s i s c h e n P u n k t. Also sind die physischen Punkte nur scheinbar unteilbar; die mathematischen sind wahre Punkte, aber bloße modale Bestimmungen. Nur die metaphysischen oder substantialen Punkte (die durch die Formen oder Seelen gebildet werden) sind wahre und reale, und ohne sie gäbe es nichts Reales, da es ja ohne wahre Einheiten keine Vielheit geben würde“ (G. W. Leibniz, *Fünf Schriften zur Logik und Metaphysik.* Stuttgart 1966. Reclams UB Nr. 1898, S. 31 f.).

ZEITTAFEL

1711 David Hume am 26. April (alter Zeitrechnung, nach der neuen Zeitrechnung am 7. Mai) in Edinburgh geboren.

1723 Eintritt in die Universität Edinburgh, wo er juristische, philosophische und Vorlesungen in griechischer Philologie hörte. Er verließ die Universität mit noch nicht 16 Jahren.

1734–37 in Frankreich, wo er den *Treatise of Human Nature* entwarf, der

1739/40 erschien, jedoch – entgegen der Erwartung des jungen Autors – von der gelehrten Welt entweder kaum beachtet oder entschieden abgelehnt wurde.

1741/42 erschienen zwei Bände mit dem Titel *Essays Moral and Political.*

1744 Ablehnung der Bewerbung um eine Professur für Philosophie an der Universität Edinburgh.

1745/46 Tutor bzw. Gesellschafter und Pfleger des Marquis von Annandale.

1746–48 Sekretär des Generals Saint Clair, den er u. a. auf eine mit dem österreichischen Erbfolgekrieg zusammenhängende Mission nach Wien und Turin begleitete.

1748 *Philosophical Essays Concerning Human Understanding,* die seit 1758 unter dem Titel *An Enquiry Concerning Human Understanding* erschienen. Im gleichen Jahre: *Three Essays Moral and Political.*

1751 *An Enquiry Concerning the Principals of Morals.*

1752 Erneute Bewerbung um eine Professur, diesmal um den Lehrstuhl für Logik an der Universität Glasgow, die ebenfalls abgelehnt wurde. Erste Ausgabe der *Political Discourses.*

1752–57 Bibliothekar an der juristischen Bücherei in Edinburgh. In dieser Zeit begann er seine *History of England,* deren einzelne Bände 1754, 1756, 1759 (3 und 4) und 1762 (5 und 6) herauskamen.

1757 *Four Dissertations,* enthaltend die Abhandlungen *The*

	Natural History of Religion, Of the Passions, Of Tragedy und *Of the Standard of Taste.*
1763	Reise an den französischen Königshof nach Versailles, als Privatsekretär des englischen Botschafters, Marquis von Hertford. In Paris pflegte Hume engen Gedankenaustausch mit den Enzyklopädisten und Rousseau, der ihn Anfang 1766 nach England zurückbegleitete.
1767–69	Unterstaatssekretär im Auswärtigen Amt. Bis zu seinem Tode lebte er zurückgezogen in Edinburgh.
1776	David Hume am 25. August gestorben.
1779	Posthume Ausgabe der *Dialogues Concerning Natural Religion* durch seinen schottischen Landsmann, den bekannten Moral- und Sozialphilosophen Adam Smith.

LITERATURHINWEISE

T. H. Burton: *Life and Correspondence of David Hume.* Edinburgh 1846.

F. Jodl: *Leben und Philosophie David Humes.* Halle 1872.

Th. Huxley: *Hume.* London 1879.

T. H. Green: *Introduktion to Hume's Treatise.* In Works, vol. I, London 1885.

W. A. Knight: *David Hume.* London 1886.

R. Reininger: *Locke, Berkeley, Hume.* München 1922.

C. W. Hendel: *Studies in the Philosophy of David Hume.* Princeton 1925.

R. Metz: *Hume.* Stuttgart 1929.

J. Laird: *Hume's Philosophy of Human Nature.* London 1932.

C. Maund: *Hume's Theory of Knowledge.* London 1937.

H. H. Price: *Hume's Theory of the External World.* Oxford 1940.

N. Kemp-Smith: *The Philosophy of David Hume.* London 1941.

D. G. C. MacNabb: *David Hume. His Theory of Knowledge and Morality.* London 1951.

J. A. Passmore: *Hume's Intentions.* Cambridge 1952.

T. Brunius: *David Hume on Criticism.* Uppsala 1952.

E. C. Mossner: *The Life of David Hume.* New York 1954.

A. H. Basson: *David Hume.* London 1958.

F. Zabeeh: *Hume, Precursor of Modern Empiricism.* Den Haag 1960.

C. D. Broad: *Hume's Doctrine of Space.* London 1961.

A. Flew: *Hume's Philosophy of Belief.* London 1961.

H. MacDiarmid: *The Man of (almost) Independent Mind.* Edinburgh 1962.

A. Schäfer: *David Hume. Philosophie und Politik.* Meisenheim/Glan 1963.

M. Belgion: *David Hume.* London 1965.

INHALT